# 国家高新区瞪羚企业发展报告2018

## 研究组

组　　　长：贾敬敦　张卫星

副　组　长：赵树璠　武文生

执 行 组 长：李　享　马宇文

主要研究人员：张　琳　谷潇磊　王胜男

研究组成员：李志远　余志海　周　力　魏　颖
　　　　　　程凌华　陈　伟　黎晓奇　黄燕飞
　　　　　　雷　霆　聂举丰　杨雪英　刘　夏
　　　　　　刘　偲　贾源淇　伍晓琳　姚雪蕾
　　　　　　赖正琛

# 国家高新区瞪羚企业发展报告 2018

科学技术部火炬高技术产业开发中心 著

科学技术文献出版社
·北京·

图书在版编目（CIP）数据

国家高新区瞪羚企业发展报告. 2018 / 科学技术部火炬高技术产业开发中心著. —北京：科学技术文献出版社，2019.10
ISBN 978-7-5189-6144-3

Ⅰ. ①国… Ⅱ. ①科… Ⅲ. ①高技术企业—企业发展—研究报告—中国—2018 Ⅳ. ① F279.244.4

中国版本图书馆 CIP 数据核字（2019）第 230443 号

## 国家高新区瞪羚企业发展报告2018

| 策划编辑：李　蕊 | 责任编辑：赵　斌 | 责任校对：张吲哚 | 责任出版：张志平 |

| | |
|---|---|
| 出　版　者 | 科学技术文献出版社 |
| 地　　　址 | 北京市复兴路15号　邮编 100038 |
| 编　务　部 | （010）58882938，58882087（传真） |
| 发　行　部 | （010）58882868，58882870（传真） |
| 邮　购　部 | （010）58882873 |
| 官 方 网 址 | www.stdp.com.cn |
| 发　行　者 | 科学技术文献出版社发行　全国各地新华书店经销 |
| 印　刷　者 | 北京时尚印佳彩色印刷有限公司 |
| 版　　　次 | 2019年10月第1版　2019年10月第1次印刷 |
| 开　　　本 | 889×1194　1/16 |
| 字　　　数 | 147千 |
| 印　　　张 | 9.25 |
| 书　　　号 | ISBN 978-7-5189-6144-3 |
| 定　　　价 | 98.00元 |

版权所有　违法必究

购买本社图书，凡字迹不清、缺页、倒页、脱页者，本社发行部负责调换

# 前 言

大众创业、万众创新是创新驱动发展战略的源头，并成为中国抢占新一轮国际竞争制高点和推动大国崛起的重要战略。创业企业中的"瞪羚企业"作为行业创新的主力军、区域创新的源头，成为推动新旧动能转换和经济结构转型升级的重要力量。2019年7月15日，李克强总理主持召开经济形势专家和企业家座谈会指出，"创造有利条件，催生更多'独角兽企业'、'瞪羚企业'、新领军者企业，加快新动能培育和新旧动能转换"，进一步明确了培育瞪羚企业的重要意义。

瞪羚企业是指跨越创业"死亡谷"，商业模式得到市场认可，进入快速成长期的创新型企业。瞪羚企业的概念诞生于20世纪90年代，最初由美国麻省理工学院教授戴维·伯奇提出，之后几十年，瞪羚企业的快速崛起和发展在发达国家引起了广泛关注。《硅谷指数》多年来将"瞪羚企业数量"作为反映硅谷经济景气程度的重要指标之一，经济合作与发展组织（OECD）每年都会持续跟踪报告瞪羚企业发展。为更好地发现和培育瞪羚企业，2014年起科技部火炬中心牵头成立"国家高新区瞪羚企业发展研究组"，在研究各国家高新区瞪羚企业相关理论与政策的基础上，每年对国家高新区企业统计数据库中的数据进行跟踪分析，研究编制《国家高新区瞪羚企业发展报告》。

2012年中共中央6号文件提出"建立全国创新调查制度，加强国家创新体系建设监测评估"，2017年科技部、国家统计局联合印发了《国家创新调查制度实施办法》，逐步开展了国家、区域、企业、典型创新密集区等方面的创新能力监测评价工作。《国家高新区瞪羚企业发展报告》正式纳入国家创新调查工作。

"国家高新区瞪羚企业发展研究组"共进行了5期国家高新区瞪羚企业研究。《国家高新区瞪羚企业发展报告2018》以2014—2017年国家高新区企业统计数据为主要依据,按照瞪羚企业遴选标准进行筛选,并对其群体特征、科技创新情况、区域分布、发展变化进行系统分析。同时,对5年来瞪羚企业群体持续发展状况进行分析研究,介绍了全国各区域瞪羚企业培育工作的开展情况及优秀企业案例。本报告旨在为相关决策部门、企业和研究人员较为全面地掌握国家高新区瞪羚企业的发展情况,为相关工作提供支撑。

**国家高新区瞪羚企业发展研究组**

# 目 录

## 第一章 研究背景 —— 1
- 一、瞪羚企业理论综述：如何认识瞪羚企业 —— 2
- 二、瞪羚企业的意义与价值 —— 23

## 第二章 国家高新区瞪羚企业群体特征分析 —— 27
- 一、国家高新区瞪羚企业发展新趋势 —— 28
- 二、瞪羚企业是高新区新经济发展的典型代表 —— 30
- 三、瞪羚企业引领高新区高技术产业创新发展 —— 38
- 四、瞪羚企业的快速成长充分体现了双创工作成效 —— 44
- 五、不同类别园区的瞪羚企业表现 —— 56

## 第三章 国家高新区瞪羚企业引领创新发展 —— 69
- 一、瞪羚企业创新投入日趋活跃 —— 70
- 二、瞪羚企业科技创新成果多样化 —— 77
- 三、瞪羚企业实现高质量高效率发展 —— 83
- 四、瞪羚企业持续布局海外市场 —— 85
- 五、部分瞪羚企业成长为独角兽企业 —— 90

## 第四章　2013—2017年连续5年瞪羚企业群体发展变化　　95

一、2013—2017年度瞪羚企业数量分布与经营情况　　96

二、2013—2017年度瞪羚企业行业分布　　99

三、2013—2017年度瞪羚企业经营效率　　101

四、2013—2017年度瞪羚企业创新要素投入　　103

五、2013—2017年度瞪羚企业创新成果　　105

## 第五章　国家高新区持续推进瞪羚企业培育　　107

一、多个国家高新区启动并推进瞪羚企业培育工作　　108

二、更多区域开展新经济企业梯度培育　　112

## 第六章　优秀瞪羚企业案例　　115

一、字节跳动：数据与流量造就社交新媒体　　116

二、明德生物：渠道与技术推动成长　　118

三、锐科光纤：自主知识产权打造多样光纤产品　　120

四、壹玖壹玖：线上线下合力构建新零售酒商平台　　122

五、极米科技：专注渠道与硬件的无屏电视　　124

六、韩都衣舍：平台化打造快时尚电商　　126

七、视睿电子：创新内容与技术引领教育信息化　　127

八、杰创智能：大数据打造智能安防系统　　129

九、明珞汽车装备：数字化实现汽配智能制造　　131

十、好莱客：数字化定制创意家居　　132

### 附件　2018年国家高新区瞪羚企业遴选标准 　　*135*

- 一、定量提取指标 　　*136*
- 二、定性筛查指标 　　*137*
- 三、创新门槛指标 　　*137*

国家高新区瞪羚企业发展报告2018

## 研究背景  第一章

# 一、瞪羚企业理论综述：如何认识瞪羚企业

## （一）瞪羚企业概念提出与发展

"瞪羚企业"作为学术概念诞生于美国。1994年美国麻省理工学院经济学教授戴维·伯奇与詹姆斯·麦道夫共同发表论文《瞪羚》[①]，以对新增岗位的贡献作为企业研究的视角，将既能快速增长又创造了大部分新增工作机会的极少数中小企业称为瞪羚企业（Gazelles）。戴维·伯奇根据美国当时的相关统计数据，提出了其对瞪羚企业的界定标准——1990年的销售额不少于10万美元，且其销售额在随后5年内每年均有20%以上的增长率。该界定标准选择销售额的初始规模和年度同比增长率作为衡量指标，不但开创了瞪羚企业研究的先河，而且为后续的瞪羚企业概念研究提供了参照系。

瞪羚企业的高成长现象引发了社会各界的广泛关注。自20世纪90年代以来，欧美等发达地区开始持续关注瞪羚企业现象。从硅谷到欧盟，从经合组织到美国考夫曼基金会，都开展了对于相关地区瞪羚企业的发展情况和其对经济发展突出贡献的跟踪研究。

从全球范围来看，瞪羚企业的超常规增长无论对于同类企业、所在产业，还是

---

① BIRCH D L, JAMES M.Gazelles[M]// LEWIS C S, ALEC R L, eds. Labor markets, employment policy and job creation. Boulder：Westview Press, 1994：159-168.

整体经济而言，都堪称历史奇迹。特别是在互联网领域，近十几年来已涌现出大量高速成长的瞪羚企业。2004年成立的美国社交网站Facebook，上线6年就赶超雅虎成为仅次于微软和谷歌的全球第三大网站，到2013年已成为拥有13亿活跃用户的全球最大社交网络帝国，2014年9月市值增长至2016亿美元，成为全球排名第22位的大公司。中国电子商务平台阿里巴巴成立至今的20年来一直保持高速增长，2012年其零售总额超1万亿元，超过亚马逊和易趣的总和，成为全球第一大电子商务公司。2014年9月阿里巴巴集团以高达250亿美元的首次公开募股金额在美国纽交所上市，刷新了中国农业银行在2010年创下的221亿美元全球最大IPO融资记录，上市当日股票市值达到1748.28亿美元，成为仅次于谷歌的全球第二大市值互联网公司。中国智能手机厂商小米公司2010年成立后实现手机销量三级跳，2014年第三季度小米手机出货量以同比211.3%的爆发式增长领先LG、联想等大牌厂商，跃居中国第一、全球第三，2018年全年营收1749亿元，同比增长52.6%，调整后净利润人民币86亿元，同比增长59.5%。

这些新经济时代的瞪羚企业不仅创造了一个又一个高成长奇迹，同时凭借着先进的新技术、新产品、新服务和成功的商业模式，正在改变着人类社会的生产生活方式，改变着世界。Facebook创造了世界第一大社交网络平台，让人们的社交活动不再局限于一时一地和自己熟知的小圈子，而是能够在无边界的网络世界展开Web 2.0时代全新的信息化交往模式。如果说Facebook用互联网改变了人类的交往行为方式，阿里巴巴则用互联网改变了人类的交易行为方式，由其构建的开放、协同、繁荣的电子商务生态系统，正在引领中国成为全球规模最大的电商市场。小米公司更是在移动互联网时代异军突起，彻底打破了企业与用户之间的隔膜，首创了用网络社交模式研发、制造、销售和推广的粉丝经济模式。

### 1.国际上对于瞪羚企业标准的研究

（1）硅谷瞪羚企业数量监测

硅谷作为新经济的发祥地，也是最早开展瞪羚企业跟踪研究的地区。由民间智库Joint Venture和硅谷社区基金会编制的《硅谷指数》从创刊开始，就把硅谷瞪羚企业数量作为反映地区经济发展状况的一项重要指标。为确保数据的可得性和准确性，《硅谷指数》从已上市的公众公司中寻找瞪羚企业，提出了硅谷瞪羚企业的界定标准：起始年收入不低于100万美元，且连续4年增长率不低于20%。1995—2006年的《硅谷指数》连续10年发布了硅谷瞪羚企业数量。《硅谷指数》对1994—2004年区域内上市瞪羚企业进行了统计（图1-1）。

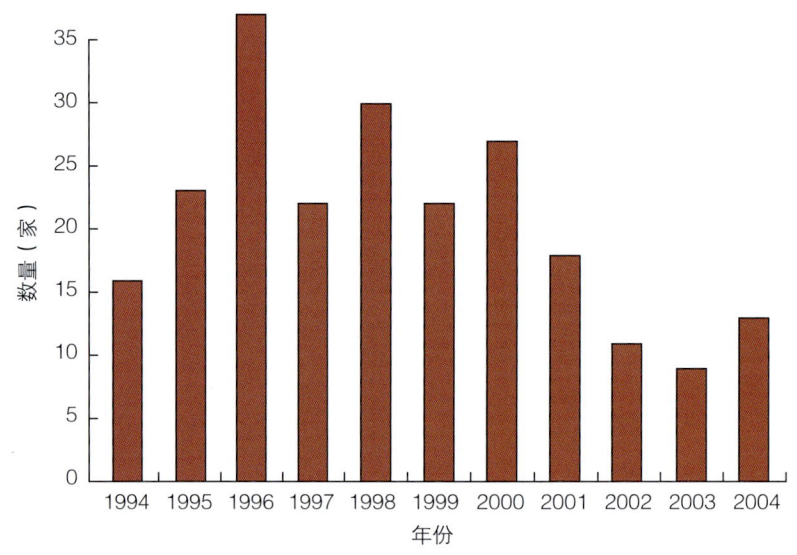

图1-1　1994—2004年硅谷已上市瞪羚企业的数量[①]

从1994—2004年的瞪羚企业数量变化可以看出，硅谷在20世纪90年代后期经历了一次高成长企业大量涌现的高峰，之后新瞪羚企业的涌现逐渐趋于稳定（如图1-1）。此外，《硅谷指数》将瞪羚企业数量的统计聚焦于已上市的公众持股公司，也体现了硅谷地区高成长企业快速上市的金融特质。

（2）考夫曼基金会的研究

2008年金融危机后，当美国各界都在寻求恢复经济增长尤其是创造工作岗位以减少失业率的方法时，美国考夫曼基金会的政策研究副主席戴恩·史唐乐（Dane Stangler）于2010年发布《高成长企业与美国经济的未来》报告。报告检验了高成长

---

① JOINT V.硅谷社区基金会.2005硅谷指数[R].2005.

（瞪羚）企业对就业和经济的推动，并提出了高成长企业企业家精神及能力在推动瞪羚企业产生中有重要作用。

该报告研究指出：

①拥有极高增长率的瞪羚企业对工作机会创造起着非常重要的作用，在所分析的所有年份中，表现最好的前1%企业创造了40%的新工作。

②瞪羚企业多来自新生企业，虽然数量相对较少，但却在创造工作机会中做出了较大贡献。在任意一年中高增长的年轻企业，虽然只占了不到企业总数的1%，却创造了10%左右的新工作。

基于以上观点，报告认为在美国经济萧条后对于降低失业率、重建工作岗位的努力不应一味地放在已有的企业上，尤其是在大型企业已经受到了很多的政府关注和支持的情况下，政策应该更多地向初创企业倾斜，因为这些在创业初期的企业是创造新工作机会的主力。

为了培育更多的瞪羚企业，该报告向政策制定者提出了如下3个基本策略。

①专注于创造更多的新企业，以期产生更多的瞪羚企业。

②消除阻止瞪羚企业出现的障碍，如减免多余税赋和法规限制等。

③关注经济中可以孕育瞪羚企业的领域，如移民和大学。

（3）《经济学人》杂志对瞪羚企业的研究

2017年11月，《经济学人》杂志刊登了一篇题为《美国创业公司：中西部的瞪羚》[①]的文章。该文章称，在过去的10年内，美国累计出现了近3万家瞪羚企业，而这些瞪羚企业出现的行业与地理区位却与人们的一般认识出现了差异，文章中举了如下两个例子。

---

① https://www.toutiao.com/a6483236004613325325/?tt_from=weixin&utm_campaign=client_share&app=news_article&utm_source=weixin&iid=16516833409&utm_medium=toutiao_android&wxshare_count=1。

①医疗技术创业公司Provider Trust开发了一款新颖的"软件即服务"产品，帮助医疗保健公司高效追查从业人员的专业资格及执照信息。之前，由于美国各州通常不会及时互相通报针对医疗从业人员的处分，一些违法之徒可能会跑到其他州求职，而一旦被监管机构发现问题，不知情的新雇主将面临高昂罚款。Provider Trust自2010年成立以来，一直以每年60%以上的增速发展。

②美国首家完全基于手机的保险公司Root Insurance，其应用下载量的月增幅接近50%。该公司利用实际驾驶数据为所有客户设定车险费率，并向使用特斯拉汽车自动驾驶模式的驾驶者提供保费折扣。公司的首席执行官亚历克斯·蒂姆（Alex Timm）解释说，从客户手机收集的数据证明，汽车采用自动驾驶模式时，安全性更高。该公司甚至能通过分析智能手机的微小震动发现驾驶者在驾车时发短信，从而对其做出惩罚。

上述两家瞪羚企业并不在硅谷或波士顿，而是分别位于纳什维尔（Nashville）和哥伦布（Columbus）。

文章认为，相比于硅谷和洛杉矶，美国中西部其他被忽视的城市如印第安纳波利斯等，同样也是高增长创业公司的聚集地。相对于过去，现在的美国创业者有如下3个新的优势。

①进入门槛已降低，尤其是对科技公司而言。

②创业公司能够获得风险投资，包括通过众筹。

③地方政府加强了对培训计划、加速器及其他软基础设施建设的支持，大大提高了创业公司的成功率。

（4）投资百科网对瞪羚企业的定义与研究

一家名为投资百科的美国经济学网站[①]给出了其对瞪羚企业的定义与研究：在调

---

① https://www.investopedia.com/terms/g/gazellecompany.asp。

查期间，其初始收入至少为10万美元，并且每年以20%的增长率增长，以确保在4年内能够将自己的收入提升一倍。符合标准的企业无论是小公司还是大企业，都可以被认为是瞪羚企业，但从统计结果上看，很多瞪羚企业都是小公司。

(5) Lexicon Financial Times网站对于瞪羚企业的定义与研究

一家名为Lexicon Financial Times[①]的网站给出的瞪羚企业的定义是：瞪羚企业是指成长非常迅速的公司，它们在相当长的一段时间内，在营业收入与雇员规模上都保持了持续增长，但是目前并没有明确瞪羚企业应有的成长性到底该有多高，但是每年超过20%是一个普遍认可的标准。

非常小的公司经常因为自己初期极小的规模可以实现跃进式的成长，所以它们通常被排除在瞪羚企业的讨论之外。有些人认为，潜在的瞪羚企业应该是那些能够达到一定营业收入标准的，如1000万美元的快速成长企业。该网站认为：瞪羚企业在很多经济体中是非常稀少的，在收集的整个数据中占比在5%左右，最高不超过10%，它们具有重大的政治与经济利益，因为它们被视为未来潜在的大雇主与财富创造者，但大部分瞪羚企业都面临着很难将自身的成长性保持超过5年的问题。

(6) 欧盟委员会的"INNOVA项目（2006—2012）"

21世纪以来，欧盟对瞪羚企业开展了一系列的深入研究。在欧盟委员会的"INNOVA项目（2006—2012）"（Innovation Acceleration 2006—2012）资助下，德国卡尔斯鲁厄大学的安吉·申姆克博士与凯·米图什教授于2008—2011年完成《瞪羚高成长企业报告》，提出了从统计学意义上界定瞪羚企业的方法——相对增长率排名在前10%的中型企业和前5%的小型企业，并在考察期（2002—2004年）内雇员数量与营业额保持持续增长，则称为"瞪羚企业"。该项研究不但作为欧洲创新加速计划（Europe Innovation Acceleration Initiative）[②]中行业创新观察部分的子课题

---

① http://lexicon.ft.com/Term?term=gazelle。

② 欧洲创新加速计划（Europe Innovation Acceleration Initiative）（2006—2012）是欧盟从2006年开始主持的一项政府性研究工作，目的在于发掘、实验和发展可用于支持创新的工具和政策。

之一，还得到了欧盟竞争力与创新研究框架计划（Competitiveness and Innovation Framework Programme，CIP）[①]的资助。该报告在瞪羚企业的研究中拓展了新的视角，帮助决策者发现机遇和挑战，并分析了瞪羚企业的成长特性。作者通过对统计数据的筛选，识别出了欧洲的瞪羚企业，讨论了促使瞪羚企业产生的政策工具和扶持措施等重要问题，提出了有效使用政策措施支持瞪羚企业和政府政策在经济过程中的角色等建议，并重点论证了欧盟的支持政策中最有可能帮助瞪羚企业发展的措施。

首先，该报告将瞪羚企业定义为"相对增长率排名在前10%的中型企业和前5%的小型企业，并在考察期（2002—2004年）内雇员数量与营业额保持持续增长"。该报告围绕瞪羚企业的产生、主要特征、在经济中的地位和重要作用等问题，得出研究结论如下。

①瞪羚企业可以是任意规模的企业，但其中大多数都是小企业，或者是从小企业开始的。

②企业所在的产业和领域是瞪羚企业出现的重要因素。此类因素与该国的科技和经济水平相关，因此也与相关产业的发展有关。总体来说，所有产业和领域都有可能出现瞪羚企业。

③有关企业年龄方面的研究表明，瞪羚企业通常比一般企业的平均年龄小，尤其是超级瞪羚企业都比普通企业平均年龄小。

④瞪羚企业具有远超一般企业的新工作创造能力，在其生命周期的各个阶段都创造了大量的工作岗位。

⑤瞪羚企业相较于一般企业更富有创新性，原因在于它们所生长的独特"生态环境"是大型企业所没有的。

---

① 欧盟竞争力与创新研究框架计划（Competitiveness and Innovation Framework Programme，CIP）（2007—2013），该计划的总体目标是提高欧洲企业竞争力和创新能力。http://europa.eu/legislation_summaries/information_society/strategies/n26104_en.htm。

⑥瞪羚企业能够通过分包等方式，带动其他企业产值的增长。

根据研究结论，报告建议政府在支持瞪羚企业发展方面，应从基础法律和金融支持政策、非金融资源服务、产业集群政策和各产业具体政策等几个方面，采取一系列相互关联的具体政策措施（图1-2）。

图1-2 《瞪羚高成长企业报告》给出的建议

（7）OECD瞪羚企业数量及瞪羚率跟踪研究

2007—2008年，OECD的"企业家指数"项目组与欧盟统计局联合编制了《欧盟统计局—OECD商业统计手册》，其中的一项重要统计数据是通过设立一定的标准从所有企业中划分出瞪羚企业。在该手册中，OECD给出了详细的欧洲瞪羚企业标准。

①瞪羚企业应确保在3年内，每年的年均成长性达到20%以上，同时，企业的成立时间应在5年以内。

②企业的成长性可以通过营业收入或雇员数量来衡量（两种方法方式任选其一，也可同时考察）。在计算成长性的时候可以以年均增长率都达到20%或3年内总体增长率达到72.8%为标准。

③无论是采用营业收入还是采用雇员规模来衡量成长性，企业在调查初期的雇员数必须达到10人或以上。

④在考察时应该将成立时间仅3年或更少时间的企业剔除，因为这些企业无法完整提供3年的成长性数据。

⑤对于通过合并与并购实现成长的企业不予考虑。

同时，为检测标准的准确性、可靠性和适用性，来自OECD论坛的迪特·吕德·彼得森（Ditte Rude Petersen）与纳迪姆·阿哈默德（Nadim Ahmad）于2007年研究完成了《高成长企业和瞪羚企业（划分标准）——初步灵敏度分析总结》[①]。该报告基于不同国家、不同时期的数据（加拿大2001—2004年、丹麦2000—2003年、芬兰2002—2005年、意大利2002—2005年、拉脱维亚2002—2005年、西班牙2002—2005年、瑞典2002—2005年和美国2003—2006年），通过对各国以OECD标准筛选出的瞪羚企业情况的深入分析，提出在考虑披露程度、相关性和国际可比性平衡的情况下，OECD的瞪羚企业认定标准适用于所有国家。同时，该报告也提出了针对OECD标准的修改意见："一家成立时间少于5年且拥有超过17名员工的企业就可以被认定为瞪羚企业。因为这类企业属于刚'出生'时就在迅速增长的企业。"

该报告的数据被OECD应用于自2011年起连续发表的年度《企业创业一览》（Entrepreneurship at a Glance）[②]，作为瞪羚率分析的数据基础。瞪羚率是指瞪羚企业数量在一个国家企业总数中所占的比例。从全球各国的瞪羚率变化状况可见，发

---

① AHMAD N, PETERSEN D R. High-growth enterprises and gazelles-preliminary and summary sensitivity analysis[EB/OL].[2017-12-01]. www.oecd.org/dataoecd/47/4/39639605.pdf, OECD-FORA, Paris.

② OECD.Entrepreneurship at a glance [EB/OL].[2017-12-01]. www.oecd-ilibrary.org/industry-and-services/entrepreneurship-at-a-glance-2013_entrepreneur_aag-2013-en OECD Publishing.

达国家以营业额增长计算的瞪羚率基本在1%以下，以雇员增长计算的瞪羚率一般在0.5%以下；瞪羚率的下降以2008年金融危机为明显分界线；欠发达的转型期经济体具有相对较高的瞪羚率；服务业瞪羚率普遍超越制造业；以营业额增长计算的瞪羚率在各国几乎都是以雇员增长计算的瞪羚率的两倍左右（表1-1）。

表1-1  2006—2010年OECD对各国瞪羚率的统计（以雇员增长为指标）

| 国家 | 行业 | 2006年 | 2007年 | 2008年 | 2009年 | 2010年 |
| --- | --- | --- | --- | --- | --- | --- |
| 美国 | 制造业 | 0.11% | 0.14% | 0.11% | 0.15% | 0.07% |
| | 服务业 | 0.15% | 0.15% | 0.09% | 0.11% | 0.10% |
| 西班牙 | 制造业 | 0.40% | | | | 0.15% |
| | 服务业 | 0.64% | | | | 0.42% |
| 意大利 | 制造业 | 0.25% | 0.19% | 0.21% | 0.19% | 0.17% |
| | 服务业 | 0.58% | 0.49% | 0.50% | 0.44% | 0.44% |
| 新西兰 | 制造业 | | 0.29% | 0.21% | 0.07% | 0.18% |
| | 服务业 | | 0.46% | 0.17% | 0.07% | 0.31% |
| 瑞典 | 制造业 | | 0.14% | 0.24% | | 0.24% |
| | 服务业 | | 0.41% | 0.58% | | 0.58% |
| 卢森堡 | 制造业 | | 0.83% | 1.09% | 0.82% | 0.27% |
| | 服务业 | | 1.01% | 0.76% | 0.63% | 0.55% |
| 斯洛文尼亚 | 制造业 | | | 1.55% | 0.83% | 0.38% |
| | 服务业 | | | 1.28% | 0.90% | 0.73% |
| 匈牙利 | 制造业 | 1.08% | 0.98% | 0.75% | 0.69% | 0.40% |
| | 服务业 | 0.75% | 0.73% | 0.77% | 0.76% | 0.60% |
| 罗马尼亚 | 制造业 | 0.37% | 0.30% | 0.16% | 0.12% | 0.42% |
| | 服务业 | 0.26% | 0.25% | 0.18% | 0.19% | 0.70% |
| 葡萄牙 | 制造业 | | | | 0.39% | 0.45% |
| | 服务业 | | | | 0.62% | 0.48% |
| 以色列 | 制造业 | | | | 0.34% | 0.46% |
| | 服务业 | | | | 0.54% | 1.05% |

续表

| 国家 | 行业 | 2006年 | 2007年 | 2008年 | 2009年 | 2010年 |
|---|---|---|---|---|---|---|
| 加拿大 | 制造业 | | 0.56% | | 0.48% | |
| | 服务业 | | 0.54% | | 0.55% | |
| 爱沙尼亚 | 制造业 | 0.95% | | 0.98% | 0.57% | |
| | 服务业 | 0.62% | | 0.98% | 0.81% | |
| 捷克 | 制造业 | 0.83% | | 0.73% | 0.62% | 0.63% |
| | 服务业 | 0.58% | | 0.63% | 0.72% | 0.73% |
| 巴西 | 制造业 | | | 3.75% | 3.29% | |
| | 服务业 | | | 3.08% | 2.86% | |

注：表格在编制过程中省略了来源报告中只有一年数据的国家。

**表1-2　2006—2010年OECD对各国瞪羚率的统计（以营业额增长为指标）**

| 国家 | 行业 | 2006年 | 2007年 | 2008年 | 2009年 | 2010年 |
|---|---|---|---|---|---|---|
| 美国 | 制造业 | | | | | |
| | 服务业 | | | | | |
| 西班牙 | 制造业 | | | | | |
| | 服务业 | | | | | |
| 意大利 | 制造业 | 0.65% | 0.57% | 0.45% | 0.28% | 0.27% |
| | 服务业 | 0.90% | 0.78% | 0.59% | 0.50% | 0.55% |
| 新西兰 | 制造业 | | | | | |
| | 服务业 | | | | | |
| 瑞典 | 制造业 | | 0.33% | 0.34% | | |
| | 服务业 | | 0.58% | 0.66% | | |
| 卢森堡 | 制造业 | | 1.10% | 1.91% | 0.55% | 0.27% |
| | 服务业 | | 1.29% | 1.06% | 0.63% | 0.81% |
| 斯洛文尼亚 | 制造业 | | 0.86% | 1.34% | 0.42% | |
| | 服务业 | | 0.73% | 1.18% | 1.08% | |
| 匈牙利 | 制造业 | 1.76% | 1.62% | 1.58% | 0.96% | 0.62% |
| | 服务业 | 1.32% | 1.55% | 1.40% | 0.97% | 0.85% |
| 罗马尼亚 | 制造业 | 1.23% | 1.25% | 0.60% | 0.50% | 0.67% |
| | 服务业 | 1.12% | 1.23% | 0.64% | 0.76% | 0.90% |

续表

| 国家 | 行业 | 2006年 | 2007年 | 2008年 | 2009年 | 2010年 |
|------|------|--------|--------|--------|--------|--------|
| 葡萄牙 | 制造业 | | | | 0.70% | 0.75% |
| | 服务业 | | | | 0.79% | 0.76% |
| 以色列 | 制造业 | | | | | |
| | 服务业 | | | | | |
| 加拿大 | 制造业 | | 0.97% | | 0.74% | |
| | 服务业 | | 1.12% | | 0.80% | |
| 爱沙尼亚 | 制造业 | 1.99% | 1.58% | 1.44% | 0.67% | |
| | 服务业 | 1.44% | 1.34% | 1.38% | 0.76% | |
| 捷克 | 制造业 | | 1.12% | 1.10% | 0.99% | 1.04% |
| | 服务业 | | 0.83% | 0.87% | 1.07% | 1.16% |
| 巴西 | 制造业 | | | | | |
| | 服务业 | | | | | |

注：美国、西班牙、新西兰、以色列和巴西没有以营业额增长指标评定瞪羚企业。

（8）德国咨询机构SkySparc关于瞪羚企业标准的研究

2010年，德国著名咨询机构SkySparc与瑞典工业日报合作提出了一套新的瞪羚企业标准如下。

①2006—2009年营业收入增长一倍。

②2006—2009年整体利润必须为正。

③企业应该是通过自身发展而不是合并或并购实现成长。

④企业必须要拥有可靠的金融能力。

## 2. 公众视野中的瞪羚企业

对于公众而言，瞪羚企业作为企业中的一类特殊群体，不仅受到了政府和研究机构的关注，而且以较强的成长能力引起了从实业界、商界到投资界的普遍瞩目。从20

世纪90年代开始，由知名专业组织和媒体主导的各种高成长企业排行榜虽然有各自的目的和侧重，但都极大地提高了隐藏在知名大企业背后的瞪羚企业的公众知名度。

（1）德勤高科技高成长50强评选

该项目由德勤公司1995年在美国圣何塞（硅谷）推出，并成功复制推广到欧洲、亚太、中东和非洲等许多国家和地区，已经成为全球高科技、高成长公司的标杆。

该项目从2005年开始进入中国，对中国内地和香港发展最快的高科技公司按照过去3年的收入增长率进行排名，每年发布"德勤高科技高成长中国50强"榜单及分析报告，到2018年已举办了13届。

德勤高科技高成长中国50强的评选对象包括：生物技术/制药、通信/网络、医疗设备、半导体、计算机/外围设备、互联网、应用仪器、软件、清洁技术/新能源、新媒体、电子商务、其他（以上未包括的与高科技相关的企业）行业内上市和非上市企业。入围门槛如下。

①高科技企业定义：企业拥有专有技术，并且该项技术为公司带来显著的营业收入，或者企业从事高科技产品的制造，或者企业将很大比例的营业收入投在技术研发领域。

②基准年度营业额：在被分析的3个年度中的第一年营业收入不少于200万人民币。

③营业期限：营业至少3年。

④营业地点：公司总部必须在中国内地或香港地区，只有分公司或分支机构在中国内地或香港地区的公司不符合条件。

（2）福布斯中国最具潜力中小企业评选

自2005年起，《福布斯》中文版每年对中国中小企业进行全面、独立的调研，推出"福布斯中国最具潜力中小企业榜"。该榜单至今已连续推出10年，并从2011年开始将上市公司与非上市公司分开评选、排名，形成"上市企业潜力100强"与"非上市企业潜力100强"两个榜单。

"福布斯中国最具潜力中小企业榜"对潜力企业的入围门槛：起始年（如2010年）销售额为1000万～10亿元人民币、主营业务在中国大陆的中小企业。评选方式：根据企业过去3年（如2010—2012年）的增长性指标（营业收入增长率及净利润增长率）、盈利性指标（销售利润率）、回报性指标（总资产回报率及净资产回报率）和规模性指标（销售收入总额及净利润额）进行复合及加权计算，并通过对部分优秀候选企业进行实地调研，根据上年度的经营状况进行调整，最终遴选出上市及非上市的潜力企业各100家。

（3）中国企业成长百强评选

各高新区关注中国青春期民营企业的媒体平台《新领军》（原《当代经理人》）杂志从2002年起发布"中国企业成长百强"。评选对象为非国有控股、非上市公司的中国成长企业，并从第十一届（2012年）开始新增上市企业榜单。

中国企业成长百强的入围门槛（辅助性的指标要求）如下。

①经营指标：年销售额在亿元以上。

②经营年限指标：原则上必须是3个完整的会计年度以上。

③持续增长指标：原则上第二年的增长率/前一年的增长率>10%。

中国企业成长百强的评选标准如下。

①平均复合增长率指标："（1+年平均复合增长）的平方=（1+跨年度增长率）"，代替原先一贯的3年销售最大增长率指标："（2012年销售额－2011年销售额）÷2011年销售额×100%"，并将两者同时排列以供对照比较。

②综合考虑其他决定企业发展潜力的因素：企业利润增长率、行业成长性、企业商业模式、核心团队实力及品牌价值等。

该评选将销售额增长速度作为判断企业可持续发展的核心指标。

（4）清科中国最具投资价值企业50强评选

投资服务机构清科集团从2006年开始发布的"中国最具投资价值企业50强"，是第一个由创业投资家评选高成长企业的活动。该活动的主要目的在于帮助众多具有高成长性和投资价值的企业获得更多真正具有投资实力的投资家的关注和认可，以及协助手持重金的创投机构寻找合适的投资对象。到2018年已举办了13届。

清科中国最具投资价值企业50强的企业入围门槛如下。

①必须为未上市企业。

②企业运营主体设在中国大陆。

③具有发展前景的新兴产业企业。

④具有投资潜质的高成长企业。

清科中国最具投资价值企业50强榜单是在汇总30位高新区重量级创业投资家依据预期投资回报水平对百家优秀候选企业打分的基础上产生的，而百家优秀候选企业是由清科集团根据行业分析，以及创业投资家和各行业协会等多方推荐的300余家参选企业中筛选得来的，因而能够比较客观地反映投资者眼中最具活力企业的状况。评选指标包括管理团队与股权结构、公司业务、商业模式与竞争力、行业与市场、财务现状与预测、经营风险与对策等一系列指标。

## （二）瞪羚企业的定义与特征

综合比较国内外对于瞪羚企业内涵和特征的研究成果，本报告提出新经济"瞪羚企业"的定义：成功跨越创业"死亡谷"后，商业模式得到了市场认可，进入高速增长阶段的创新型企业。

瞪羚企业具有成长速度快、创新能力强、专业领域新、发展潜力大的特征。

①成长速度快：瞪羚企业在跨越"死亡谷"后，就会高速成长，在短时间内实现几倍、几十倍，甚至成百上千倍的业绩增长，实现企业快速壮大。

②创新能力强：新经济的瞪羚企业来源于创新创业，无论在技术、商业模式还是产业组织方面，都具有强大的创新能力。这些创新活跃的瞪羚企业不断创造出新产品、新技术、新服务和新市场。

③专业领域新：瞪羚企业是新业态形成的主力军，瞪羚企业主要集中在新兴领域当中。

④发展潜力大：瞪羚企业凭借长板优势实现井喷式、裂变式增长。通过研发原创性技术、采用全新的商业模式，并把握细分产业领域，从价值链高端切入，最终发展成为掌握战略制高点的"小巨人"或隐形冠军。

瞪羚企业作为新型企业，其快速成长源于创新。经过多年对瞪羚企业的跟踪研究，本报告认为，瞪羚企业实现快速成长源于其创新基因，具体而言，其快速成长的核心因素包括以下6个方面。

①推出新产品：企业通过自主研发或改进型创新推出具有新功能或新外观的新产品，并可以在现有产品的基础上不断更新换代，升级推出新产品，进而带动企业的业绩持续增长。

②提供新服务：推出新的服务，给客户带来新的体验，或者在现有服务的基础上增加新的服务内容，提升给客户创造的价值。

③应用新技术：通过自主研发、引进消化吸收等方式在某个领域采用新技术，发挥技术的长板作用，并且形成竞争优势。

④拓展新市场：将产品或服务推向新的市场区域，或者将现有的服务或产品应用于新的行业或技术领域，形成新的市场。

⑤创建新模式：通过跨界融合、资源整合、原创等方式创新形成新的商业模式，以更有效的方式提供更优质的服务或产品。

⑥构建新业态：企业通过对产业价值链各环节的分解、融合，创新形成新的业态，既可能在原有价值链条中通过分解或引入新增，形成新的价值环节，又可能创造性地整合若干环节，以新的运作方式给客户带来价值。

## （三）瞪羚企业成长机制

### 1.使命感

使命感是一个企业的奋斗目标，这个目标不应该是阶段的，而应该是终身的，与其说是目标，不如说是一个终身追求，它决定企业和所有员工的奋斗方向；使命感是实现公司愿景的指引，如果愿景要描述的是到哪里去，使命感要描述的就是为什么去那里。

（1）使命感驱使企业家改变世界

由政治家、科学家改变世界的时代已经变为企业家改变世界的时代。从源头来看，"改变世界"成为新一代创业者所梦寐以求的目标。从过程来看，全球化为企业家改变世界提供了可能。从结果来看，创业最大的成功是改变世界：为人类提供新的生产、生活方式。特斯拉致力于纯粹的电动汽车，不仅是让人尖叫的梦幻产品，更是表达对能源环境的态度，推动新能源汽车产业革命，加速人类从化石能源经济向光伏电力经济的转变。苹果的乔布斯以"活着就是为了改变世界"的激情，带领苹果成为世界级企业，"硬件+软件、产品+服务"的双核模式重新定义了电子消费产品，更是改变了人们日常的生活习惯。

（2）使命感扩展企业家战略视野

一个企业的未来发展方向及最终能达到的目标，很大程度上取决于企业家的视野。树立远大使命感可以帮助企业家提升自身的视野，站在更高的角度看待行业及企业的发展，帮助企业家看到未来的趋势，不局限于眼前的格局。

（3）使命感提供瞪羚企业成长的内生动力

企业家的使命感为企业成长提供精神动力，引领瞪羚企业的长远发展。使命感使得企业家明确企业战略愿景，即对企业长远发展的定位：我们未来会成为什么样子。使命感使得瞪羚企业区别于其他企业，为企业家和团队带来长远发展的精神动力。首先，使命感激励团队自发地去追求目标、实现愿景，形成内在的动力，带来持续的奋斗激情；其次，使命感使得企业家着眼企业愿景的实现，提供克服眼前困难的精神力量，始终坚持道路方向而不偏离；最后，使命感使团队产生前进的动力和力量，成为引领和感召员工的力量，引导和汇聚内部力量形成合力。改变世界的使命感对瞪羚企业如指引明灯，以改变世界为使命可能成就改变世界的企业，而以维持家庭生计为使命只能成就家庭作坊。

（4）使命感引导企业调配资源

崇高的使命感，帮助企业获得资源所有者的信任和支持，明确的目标帮助企业找到内外部需要配置的资源，以实现使命。明确的方向引导资源配置重点而不是随机游走，帮助明确内外资源的配置需要及配置措施，帮助企业避免与使命方向无关的外部资源诱惑，处置无关的资源。苹果电脑公司的愿景是让每人拥有一台计算机，使命是推广公平的资料使用惯例，建立用户对互联网的信任和信心。其资源配置方式是资源围绕互联网配置，打造互联网生态。阿里巴巴的使命是让天下没有难做的生意，愿景是做一家经营102年的企业，成为世界最大的电子商务服务提供商，成为世界最优秀的雇主。其资源配置方式是业务资源围绕电子商务配置，形成了生态系统。微软公司的愿景（使命）是让计算机进入家庭，放在每一张桌子上，使用微软的软件。其资源配置方式是资源围绕计算机配置，以软件为主。迪士尼公司的愿景是成为全球的超级娱乐公司，使命是使人们过得快活。其资源配置方式是围绕人们娱乐需求配置影视、乐园等。腾讯公司的愿景是最受尊敬的互联网企业，使命是通过互联网服务提升人类生活品质。其资源配置方式是围绕互联网服务，构建围绕互联网服务的生态系统。使命感有助于企业获取资源，引导企业配置资源。

**2.抓机会**

创新全球化和社交化的发展为瞪羚企业实现快速增长创造了机会。机会从哪里来？要从产业价值链的分解与融合、社会变革和技术变革中寻找机会。

（1）抓机会是瞪羚企业的核心

瞪羚企业之所以能够快速成长，关键在于能够抓住市场机会，不断形成业务增长点，从而获得业务的快速增长。瞪羚企业在成长期的核心就是要寻找并抓住各种可能的机会，保持高速成长，成长的速度决定于其抓机会的能力。瞪羚企业成长的可能机会主要来自产业价值链的分解与融合、社会变革和技术变革。

（2）从产业价值链的分解与融合寻找机会

产业链本质是指具有某种内在联系的企业群结构。价值链即产业链中创造价值的环节。瞪羚企业的产业价值链关注的是产业链背后蕴藏的价值组织及创造的结构形式，运动（分解、融合）的本质是追求价值环节最优化和推进组织价值最大化，从而实现业态创新，创造新的商机。瞪羚企业要从产业价值链演变的运动中发掘增长机会，从价值链的分解、融合中促进业态创新，形成自己的增长模式。

随着经济的发展，专业化的分工越来越细，企业内部价值链环节分解并独立出来，企业可选择专注于某一特定领域，逐渐发展壮大。产业链的分解导致不同产业间的关联性加强，原来看似没有联系的产业价值链变得越来越相关联，并出现一系列的重叠、替代、交叉和趋同等变化。

企业可从产业价值链融合导致价值链环节在不同产业中渗透，甚至发生更为彻底的整合的过程中寻找机会。产业链的融合大部分发生于传统产业与高技术产业之间。新经济条件下，传统产业的升级需求日益旺盛，高技术产业成为其升级转型的首选。传统产业与高技术产业的融合导致了一批新业态的出现，为瞪羚企业提供了新的发展机会。近年来发展较快的如传统的零售商贸与高技术产业融合产生的电子商务新业态，催生出大量的高成长瞪羚企业，如淘宝、京东等。

产业价值链的分解与融合导致产业组织、价值组织的重构，新业态随之出现，瞪羚企业应充分抓住机会形成新的业态。产业价值链的分解与融合是业态创新的重要路径：伴随创新全球化时代的来临，技术创新、商业模式创新及需求创新愈发密集，各个产业开始出现专业化、细分化等趋势，促进了产业价值链的分解与融合。小米和美团点评就是在产业价值链的分解与融合中抓住机会创造新业态的典型瞪羚企业。产业价值链的分解与融合到业态创新逻辑如图1-3所示。

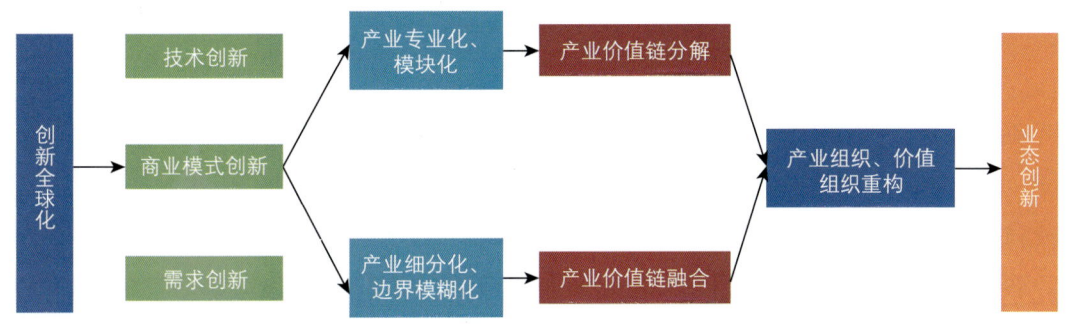

图1-3 产业价值链的分解与融合到业态创新逻辑

（3）从社会变革中寻找机会

社会变革速度不断加快，不但带来产业变迁，增加新的市场机会，而且创造了新需求，为瞪羚企业的成长不断提供新机会。社会变革对人们的思想及行为产生深刻的影响，社会的每一次重大变革都会带来新的市场需求，从而带来产业的变迁。变革不再是以满足已有的需求为主，而是以创造新的需求为主，每一次变革都会大量开拓全新的需求领域，带来新的行业发展机会。瞪羚企业要以需求为导向，抓住新需求，开拓新领域，把握发展先机。

（4）从技术变革中寻找机会

技术变革包括新技术的出现、技术升级更替及技术的跨界应用。对于技术驱动较强的行业，瞪羚企业可从技术的发展变革趋势中寻找新的发展机会。新的技术出现带来了机会，全新的技术发明，如互联网、半导体、云计算、3D打印的出现为瞪羚企业的成长提供了新的思路和新的机会。技术升级更替是指在现有技术基础上实现升级更替，如新的电视技术、数据存储处理、多点触屏为产业升级改造提供了技术依托。技术的跨界应用带来机会，应用已有的技术于新的行业，如视频应用于安防，激光应用于医疗。

### 3.拉长板

全球化的发展促使企业向专精转变，拉长板成为瞪羚企业的战略关键。如何发现长板、拉长板，并在产业集群中发挥长板作用，成为瞪羚企业发展面临的挑战。

（1）全球化要求瞪羚企业拉长板

全球化的发展使得竞争格局从传统工业时代有无之争转变为新经济时代的专精之争，瞪羚企业的战略关键在于突出长板而非补短板。补短板是竞争的思路，拉长板是竞合的思路。如同"向宽处发展增加竞争对手"的逻辑一样，弥足短板容易越陷越深。表1-3对传统工业时代和新经济时代的竞争结构进行了对比分析，新经济时代是竞合的时代，拉长板将成为企业发展的战略关键。

表1-3 传统工业时代与新经济时代竞争结构对比

| | 传统工业时代 | 新经济时代 |
| --- | --- | --- |
| 产业环境 | 产业价值链分解与融合不活跃 | 产业价值链分解与融合较活跃 |
| 竞争位势 | 抓住商机、利重于势 | 赢在谋势、势重于利 |
| 社会分工 | 纵向一体、分工不细 | 链条分解、高度分工 |
| 竞存方式 | 从你无我有到你有我专 | 从你有我专到你专我精 |
| 战略关键 | 弥补不足、对冲劣势 | 放大优势、突出长板 |

（2）如何发现长板

识别长板最直接的方法就是"比较"，将自己的不同方面与他人进行比较，将自己的不同方面进行相互比较。但是为了更加准确地识别长板或发现一些比较"独到"的长板，我们往往需要附加条件，限定范围。例如，进行产业的细分；转换视角，从总量到结构，从绝对指标到相对指标，从局部到整体，从静态到动态等；新理念和新理论，采用新的理念、新的理论重新观察判断，发现之前没有被注意的地方。

（3）在产业集群中发挥长板作用，即通过长板整合，利用资源

瞪羚企业应充分用己所长、集采众长、互利共赢，穿透价值链并反向组织资源配置。小米，以设计及营销整合手机产业链；苹果，以设计整合产业链资源；特斯拉，以设计整合资源；阿里巴巴，以平台整合资源。企业通过联盟、外包、合作、嫁接和不断的整合可以突出自身长板优势，通过对自身资金、技术、人才和设备等的评估穿透价值链并组织资源配置。

## 二、瞪羚企业的意义与价值

### （一）瞪羚企业是新经济的典型代表

瞪羚企业既是"双创"驱动的必然成果，又是"双创"工作成效的重要体现。作为新经济的典型代表，瞪羚企业的发展对推动转变经济发展方式，实施创新驱动发展战略具有十分重要的意义和作用。

#### 1.瞪羚企业由创业企业成长而来

只有少数优秀的创业企业能够发展成为瞪羚企业。新经济时代的创业是一个不断试错的过程，一旦试错失败，企业就会跌入"死亡谷"。创业企业跨越"死亡谷"之后发展轨迹出现分化，大部分企业能够实现常规发展，长期保持中小规模，对经济发展的带动效用十分有限；仅一小部分企业具有强劲的爆发力，步入高速发展的快车道，实现企业规模和市场影响力的快速提升，成为瞪羚企业。

#### 2.瞪羚企业是创新发展的典型代表

瞪羚企业是天生的创新者，从创办之时就具备了创新的基因，不断释放的创新动能是瞪羚企业在当前激烈的竞争环境中生存与发展的关键因素。一方面，技术创新及商业模式的创新是保障其跨越"死亡谷"进入快速成长阶段的基础；另一方面，瞪羚企业以其战略洞见不断发现并挖掘推出新产品、提供新服务、打开新市场及构建新业态等，代表着新经济的发展方向。

### 3.瞪羚企业是区域"双创"工作成效的重要体现

瞪羚企业数量与区域内创新创业质量正相关，一方面，区域内创新创业越活跃、创业质量越高，瞪羚企业的数量就越多；另一方面，瞪羚企业的发展能很好地带动区域创新创业氛围的营造，带来产业集聚与协同效应，有利于创业企业的产生与发展。例如，美国硅谷作为全球的创新创业高地，区域内诞生了一大批优秀的瞪羚企业，《硅谷指数》更是将"瞪羚企业数量"作为反映硅谷经济景气程度的重要指标之一。北京中关村科技园区从2003年开始实施 "瞪羚计划"，并将培育瞪羚企业作为园区发展的重要目标之一。因此，瞪羚企业已经成为区域开展创新创业工作质量的重要体现，对衡量区域"双创"工作效果具有重要作用。

## （二）瞪羚企业是区域经济发展的新引擎

"国家高新区瞪羚企业发展研究"课题组专注于对国家高新区及国家高新区瞪羚企业的持续研究，多年的研究成果表明：瞪羚企业已逐渐成为高新区孕育原创新兴产业和推动传统产业变革的新引领者，成为中国高新区创新发展的新引擎，并且在我国创新驱动型经济中发挥着越来越重要的作用。

### 1.瞪羚企业促进高新区整体经济"提质增效"

《国家高新区瞪羚企业发展报告》根据不同年份的统计数据，从国家高新区中遴选出符合标准的瞪羚企业，这些瞪羚企业成长速度快、群体质量好，对高新区整体经济"提质增效"作用显著。一方面，在发展速度方面，瞪羚企业群体三年复合增长率远高于高新区整体水平，对高新区经济增长起到重要的带动作用；另一方面，在营业收入、工业总产值、净利润、税收等方面，瞪羚企业群体的平均贡献程度也大幅高于其所在高新区企业群体的平均水平。

### 2.瞪羚企业成为高新区创新发展的排头兵

瞪羚企业作为高新区内对市场反应最敏锐的群体，在创新发展方面已经走到了高新区企业的前列。首先，创新的核心资源是人才，瞪羚企业员工高素质化发展，高素质人员比例逐年增长；其次，瞪羚企业的发展主要依靠智力资源，因而资产配置呈轻资产化，固定资产投资增速逐年下降，流动资产与无形资产占据较高比例；再次，瞪羚企业国际化发展趋势开始显现，出口大幅增加；最后，瞪羚企业高效集约发展趋势明显，人均效率有所提升、资产效率持续增长。高新区瞪羚企业创新发展效果已十分显著，同时对高新区整体企业转型发展起到了良好的示范作用。

### 3.瞪羚企业成为高新区实施创新驱动的关键力量

一方面，高新区瞪羚企业积极推出新产品，新技术开发与应用活跃，走在技术创新的前沿，自身创新硕果累累。高新区瞪羚企业新产品的产值、收入均持续增长，在企业整体产出当中已占据较大的份额，同时在专利、商标和著作权等知识产权方面成果丰硕；另一方面，瞪羚企业引领高新区高技术产业发展，成为高新区产业发展的风向标。半数以上高新区瞪羚企业分布于高技术产业当中，同时，此比例保持持续增长的势头，高技术产业当中瞪羚企业表现全面优于整体平均水平，对高新区高技术产业发展表现出较为明显的引领作用。

### 4.瞪羚企业已经成为高新区创新发展的新名片

瞪羚企业的快速崛起不仅受到了政府与研究机构的关注，而且以其杰出的高成长性与创新性引起了实业界、商界及投资界的普遍瞩目。瞪羚企业正逐步以区域创新形象的代表进入大众视野，对于各高新区而言，无论是北方的中关村，还是南方的深圳，瞪羚企业正逐步取代传统工业经济的大型企业，成为各个高新区创新发展的新名片。例如，北京的今日头条作为社交新媒体行业的开拓者，已经成为中关村创新发展的新代表；深圳的大疆创新在民用无人机市场脱颖而出，成为深圳高新区创新发展的代言人。

## （三）瞪羚企业是新旧动能转换的核心

当前，我国经济正处于新旧动能转换的关键时期，创新创业成为推动新动能发展和经济结构升级的重要力量；而作为推动创新创业的重要载体，中小企业为打造经济新引擎、催生发展新动力、促进产业结构调整夯实了微观基础。瞪羚企业作为中小企业群体中创新创业的典型代表，凭借其成长速度快、创新能力强、专业领域新、发展潜力大的特征，为增强区域活力与经济增长做出了突出贡献，成为新旧动能转换过程中的关键要素。

**1.瞪羚企业是新动能的引领者**

在工业经济时代，传统的跨国公司、大型企业通过大量占据资本、人力、土地等资源来实现自身的迅速发展及对市场的垄断；而在新经济时代，这一角色正在逐步让位于瞪羚企业。瞪羚企业代表着新的技术路线、新的商业模式和新的发展策略，以自身的经验引领着市场对于新动能的认识。所谓新经济条件下的新动能就是创新创业，而在新经济环境下的创新创业与"高风险"和"高试错"是密不可分的。大企业由于已经占据了足够的市场利益，形成了一套自身的运营理论体系，故而对高风险、高试错的创新创业行为显得动力不足；而在中小企业中，一般的企业由于资金、技术等的缺乏，对于高风险、高试错行为的承受能力不足；故而也很难去做出太大的创新创业行为，只有瞪羚企业才有意愿进行这一尝试。

**2.瞪羚企业带动高新区新旧动能转换**

2017年，高新区瞪羚企业实现营业收入总额1.8万亿元，平均营业收入6.4亿元，三年复合增长率40.64%。成立时间在10年以内的企业数占瞪羚企业总数的70%以上，这表明创新创业企业是瞪羚企业群体的主要组成部分。在2017年度新增的1595家瞪羚企业中，超过九成属于高新技术领域。2017年高新区瞪羚企业总数不足3000家，却拥有超过5万项专利，其中，海外专利约2000项。从上述高新区瞪羚企业的数据中我们不难勾勒出高新区瞪羚企业的群像：建立时间不长但发展动力强劲，关注技术能力，并且将技术资源作为企业发展的核心动力。

参考国际上对瞪羚企业的界定，并结合我国国情及企业发展特征，依据定量提取、定性筛查及创新门槛三大指标制定了国家高新区瞪羚企业标准（详见附件）。本章以2014—2017年火炬统计数据为基础，遴选出2857家符合标准的瞪羚企业，对其营业收入规模、增速及行业分布等群体特征进行了分析。

# 一、国家高新区瞪羚企业发展新趋势

## （一）瞪羚企业持续引领新经济发展

瞪羚企业数量持续增长。2017年国家高新区瞪羚企业数量达到2857家，比上一年增加281家；2013—2016年国家高新区瞪羚企业数量分别为1542家、1888家、2085家和2576家，瞪羚企业群体持续扩大。

瞪羚企业群体区域分布更加广泛。2017年国家高新区总数由2016年的147个增加至157个，拥有瞪羚企业的国家高新区由2016年的132个上升到139个，占国家高新区总数的88.54%。其中，拥有瞪羚企业数量排名前十的高新区共拥有瞪羚企业1639家，占国家高新区瞪羚企业总数的57.37%。

瞪羚企业对高新区经济增长做出突出贡献。2857家瞪羚企业仅占高新区入统企业总数的2.69%，但其工业总产值、营业收入、净利润、出口、纳税和从业人员数量分别占高新区企业总额的5.09%、5.89%、9.06%、5.54%、5.67%和6.25%，工业总产值、营业收入、净利润、出口、纳税和从业人员数量均值分别为高新区入统企业平均水平的1.89倍、2.19倍、3.37倍、2.06倍、2.11倍和2.32倍。

瞪羚企业行业分布集中在高技术产业。2857家瞪羚企业中有1892家属于高技术产业，占瞪羚企业总数的66.22%。其中，高技术制造业和高技术服务业分别有734家和1158家瞪羚企业，分别占瞪羚企业总数的25.69%和40.53%；信息服务业瞪羚企业最多，共839家，占瞪羚企业总数的29.37%。

瞪羚企业创新要素投入活跃。2017年2857家瞪羚企业科技活动投入强度6.98%，内部研发投入强度3.47%，科技活动人员占比32.38%；与外单位开展产学研合作支出达112.27亿元，占科技活动总投入的8.75%，其中，对境内企业支出为81.27亿元，占比高达72.39%。

## （二）瞪羚企业是高新区"双创"工作的重要抓手

《2018年国务院政府工作报告》提出，我国将围绕打造大众创业、万众创新升级版，推出一系列政策措施，包括建设创新创业资源共享平台，完善中小微企业财政支持体系，加强知识产权保护等。随着我国经济结构转型和"双创"工作的持续推进，高新区瞪羚企业发展已经呈现出新的发展特征，为高新区"双创"升级提供了有力支撑。

24家瞪羚企业成长为独角兽企业。2017年共有24家独角兽企业来自瞪羚企业，分布在8个国家高新区。24家独角兽企业2017年营业收入平均水平为国家高新区瞪羚企业的4.6倍，平均从业人员数量为国家高新区瞪羚企业的3.7倍。这表明，在新经济"创业—瞪羚—独角兽—龙企业"的跃迁式成长链条中，瞪羚企业成为重要的一环。

孵化器和加速器在培育瞪羚企业中发挥推动作用。截至2017年年底，入驻或毕业于孵化器或加速器的瞪羚企业共有535家，占瞪羚企业总数的18.73%，其中，已从孵化器或加速器毕业的瞪羚企业有268家，在孵企业有267家。孵化器和加速器在培育创业型瞪羚企业中起到了促进作用，这是"双创"成果的重要体现，也是推进"双创"持续升级的关键因素。

2017年国家高新区瞪羚企业在八大高新技术领域均有分布。其中，分布于电子信息领域的瞪羚企业最多，共1271家，占瞪羚企业总数的44.49%；之后依次分布在先进制造与自动化、高技术服务、生物与新医药、新材料等领域，数量分别为392家、294家、252家和244家，占比分别为13.72%、10.29%、8.82%和8.54%。

瞪羚企业知识产权成果丰富。2017年，2857家瞪羚企业中有1841家申请专利，共59 635件，平均每家瞪羚企业申请专利32.39件。申请发明专利33 747件，占全部申请专利的56.59%；获授权专利数量24 838件，其中，授权发明专利8425件，拥有有效专利数量97 119件，专利所有权转让及许可936件。

更多的高新区出台瞪羚企业培育计划，并开始探索梯度培育。随着瞪羚企业对于区域经济发展增效作用的显现，越来越多的高新区开始推进瞪羚企业培育工作，出台瞪羚企业培育计划的高新区数量不断增多；同时已开展瞪羚企业培育工作的高新区对瞪羚企业培育工作进行优化升级，部分地区将瞪羚企业培育升级到省级层面，并开始探索和建立"创业—瞪羚—独角兽"的新经济企业全链条成长的培育支持体系。

## 二、瞪羚企业是高新区新经济发展的典型代表

瞪羚企业经济指标表现良好。2017年国家高新区瞪羚企业年平均营业收入64 303万元，年平均净利润6919万元，平均净利润率10.76%，平均从业人员数量431人，年平均科技活动投入4489.37万元，年平均科技活动投入强度6.98%（表2-1）。

表2-1　2017年国家高新区瞪羚企业经济指标

| 维度 | 指标 | 2017年 |
| --- | --- | --- |
| 成长性 | 营业收入三年复合增长率 | 40.64% |
| 平均规模 | 年平均收入（万元） | 64 303 |
| | 年平均从业人员数量（人） | 431 |
| 盈利性 | 年平均净利润（万元） | 6919 |
| | 平均净利润率 | 10.76% |
| 科技投入 | 年平均科技活动投入强度 | 6.98% |

### （一）瞪羚企业营业收入三年复合增长率达 40.64%

瞪羚企业表现出较高的成长性。以4年（2014—2017年）数据齐全的1459家瞪羚企业为样本进行分析，国家高新区瞪羚企业营业收入2014—2017年三年复合增长率达40.64%。其中，营业收入三年复合增长率为20%~40%的瞪羚企业数量最多，共792家，占总数的54.29%；三年复合增长率为40%~60%的瞪羚企业共300家，占比20.56%；三年复合增长率为60%~80%的瞪羚企业共142家，占比9.73%；三年复合增长率达到100%以上的瞪羚企业共111家，占比7.61%（表2-2）。

表2-2　2017年国家高新区瞪羚企业营业收入三年复合增长率分布

| 营业收入三年复合增长率 | 瞪羚企业数量（家） | 占比 |
| --- | --- | --- |
| 100%以上 | 111 | 7.61% |
| 80%~100% | 66 | 4.52% |
| 60%~80% | 142 | 9.73% |
| 40%~60% | 300 | 20.56% |
| 20%~40% | 792 | 54.29% |
| 20%以下 | 48 | 3.29% |

注：因小数取舍而产生的误差，本报告均未做配平处理。

部分瞪羚企业实现爆发式成长。2857家瞪羚企业中有462家企业成立5年内营业收入突破5亿元或成立10年内营业收入突破10亿元，实现了爆发式成长，该群体占瞪羚企业总数的16.17%。

### （二）近五成瞪羚企业营业收入规模达 2 亿元以上

高新区瞪羚企业群体规模呈现出如下特征：营业收入规模主要集中在2亿元以下与10亿元以上两个区间，多数企业从业人员数量分布在50~300人和600人以上两个区间。

平均营业收入规模为6.43亿元。2017年，瞪羚企业总营业收入为18 257.02亿元，其中最高营业收入为474.55亿元，最低营业收入为1768.80万元，平均营业收入规模为6.43亿元。瞪羚企业营业收入分布不均衡，其中，营业收入为1亿元以下的瞪羚企业有1103家，占瞪羚企业总数的38.61%；营业收入为1亿~2亿元的瞪羚企业有554

家，占瞪羚企业总数的19.39%；营业收入大于10亿元的瞪羚企业有413家，占瞪羚企业总数的14.44%（表2-3和图2-1）。

表2-3　2017年国家高新区瞪羚企业营业收入分布

| 营业收入（元） | 瞪羚企业数量（家） | 数量占比 | 累计占比 |
| --- | --- | --- | --- |
| 1亿以下 | 1103 | 38.61% | 38.61% |
| 1亿~2亿 | 554 | 19.39% | 58.00% |
| 2亿~3亿 | 253 | 8.86% | 66.86% |
| 3亿~4亿 | 128 | 4.48% | 71.34% |
| 4亿~5亿 | 98 | 3.43% | 74.77% |
| 5亿~6亿 | 100 | 3.50% | 78.27% |
| 6亿~7亿 | 69 | 2.42% | 80.69% |
| 7亿~8亿 | 61 | 2.14% | 82.83% |
| 8亿~9亿 | 36 | 1.26% | 84.09% |
| 9亿~10亿 | 42 | 1.47% | 85.56% |
| 10亿以上 | 413 | 14.44% | 100.00% |

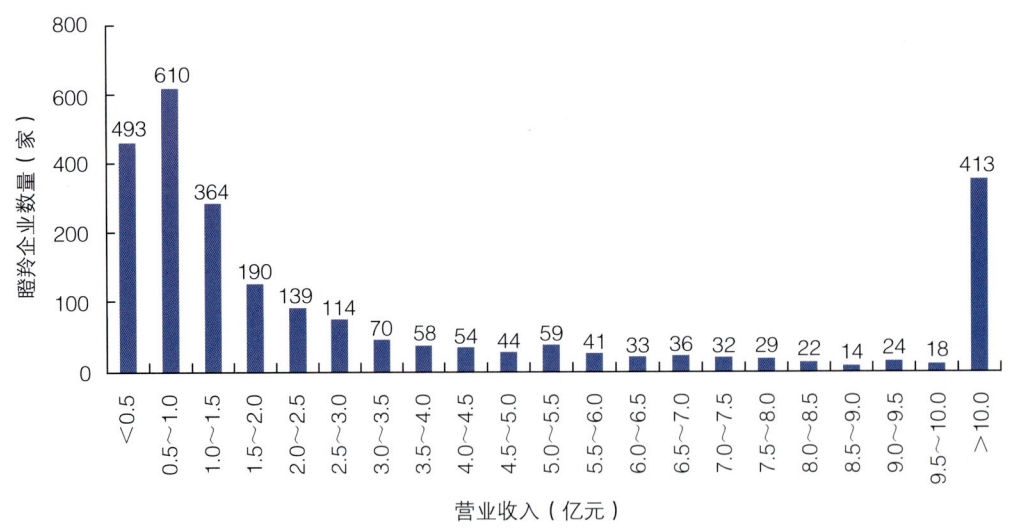

图2-1　2017年国家高新区瞪羚企业营业收入分布

平均拥有员工431人，比高新区企业平均水平高出181人。2017年高新区瞪羚企业年末从业人数约为123万人，其中，从业人员数量为51~150人的企业数量最多，共1049家，占瞪羚企业总数的36.72%；从业人员数量为151～300人的企业有640家，占比22.40%；从业人员数量超过1000人的企业有231家，占比8.08%（表2-4和图2-2）。

表2-4　国家高新区瞪羚企业从业人员数量分布

| 从业人员数量 | 瞪羚企业数量（家） | 占比 |
| --- | --- | --- |
| 50人及以下 | 327 | 11.45% |
| 51～150人 | 1049 | 36.72% |
| 151～300人 | 640 | 22.40% |
| 301～500人 | 314 | 10.99% |
| 501～1000人 | 296 | 10.36% |
| 1000人以上 | 231 | 8.08% |

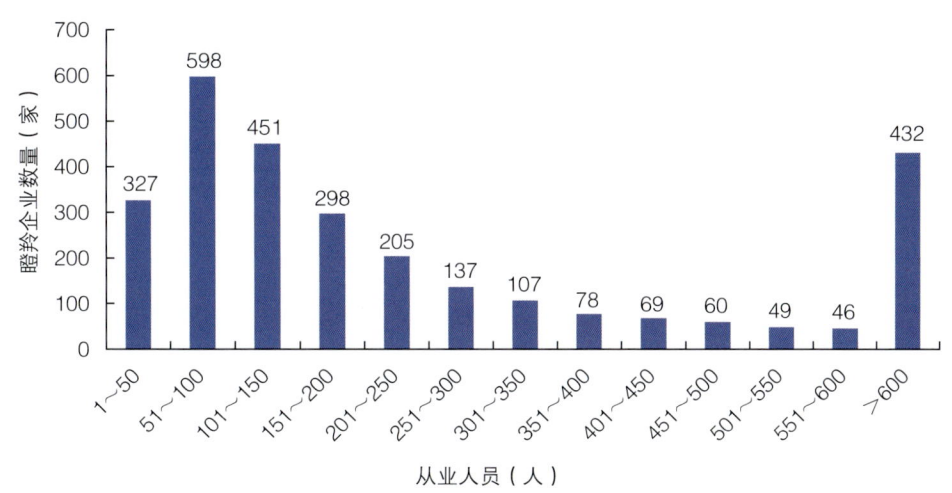

图2-2　2017年国家高新区瞪羚企业从业人员数量分布

### （三）瞪羚企业主要经济指标优于国家高新区平均水平

国家高新区瞪羚企业主要经济指标表现优异。2017年，2857家瞪羚企业在工业总产值、营业收入、净利润、出口、纳税和从业人员数量上分别占高新区入统企业总额的5.09%、5.89%、9.06%、5.54%、5.67%和6.25%，均大幅高于其数量占比2.69%。瞪羚企业仅以2.69%的数量，占有高新区企业技术收入总额的13.93%和科技活动人员总数的10.33%，表现出瞪羚企业在引领新经济创新发展方面的突出作用。同时，瞪羚企业在工业总产值、营业收入、净利润、出口、纳税和从业人员数量方面，均大幅高于国家高新区的平均水平，分别达到高新区入统企业平均水平的1.89倍、2.19倍、3.37倍、2.06倍、2.11倍和2.32倍，是高新区企业中经营表现优异的企业群体（表2-5和表2-6）。

表2-5 2017年国家高新区瞪羚企业各项指标占高新区入统企业比例

| 指标 | 瞪羚企业 | 高新区入统企业 | 占比 |
| --- | --- | --- | --- |
| 企业数（个） | 2857 | 106 179 | 2.69% |
| 高新技术企业数（个） | 2512 | 49 773 | 5.05% |
| 工业总产值（亿元） | 10 552.07 | 207 159.11 | 5.09% |
| 年末资产（亿元） | 29 214.61 | 466 426.82 | 6.26% |
| 营业收入（亿元） | 18 371.44 | 312 021.24 | 5.89% |
| 技术收入（亿元） | 4674.81 | 33 559.91 | 13.93% |
| 净利润（亿元） | 1976.76 | 21 814.68 | 9.06% |
| 出口创汇（亿元） | 1897.47 | 34 280.83 | 5.54% |
| 上缴税额（亿元） | 997.32 | 17 598.46 | 5.67% |
| 年末从业人员（人） | 1 230 531 | 19 689 399 | 6.25% |
| 科技活动人员（人） | 398 471 | 3 859 217 | 10.33% |

表2-6 2017年国家高新区瞪羚企业与高新区入统企业各项经济指标均值对比

| 指标 | 瞪羚企业 | 高新区入统企业平均 | 瞪羚企业/高新区入统企业（倍） |
| --- | --- | --- | --- |
| 平均工业总产值（万元） | 36 934 | 19 510 | 1.89 |
| 平均年末资产（万元） | 102 256 | 43 928 | 2.33 |
| 平均营业收入（万元） | 64 303 | 29 386 | 2.19 |
| 平均技术收入（万元） | 16 363 | 3161 | 5.18 |
| 平均净利润（万元） | 6919 | 2051 | 3.37 |
| 平均出口创汇（万元） | 6641 | 3229 | 2.06 |
| 平均上缴税额（万元） | 3491 | 1657 | 2.11 |
| 平均年末从业人员（人） | 431 | 185 | 2.32 |
| 平均科技活动人员（人） | 139 | 36 | 3.86 |

## （四）国家高新区瞪羚企业平均实现净利润近 7000 万元

瞪羚企业盈利能力高于高新区企业平均水平。2017年瞪羚企业共实现净利润1976.76亿元，平均净利润6919万元，平均净利润率为10.76%，平均资产利润率为6.77%，平均净资产利润率为18.78%，均高于高新区企业平均水平。

从净利润分布来看，净利润为0~2000万元的瞪羚企业最多，共1481家，占瞪羚总数的51.84%；净利润为2000万~1亿元的瞪羚企业共799家，占比27.97%；净利润达到1亿元以上的瞪羚企业共338家，占比11.83%；处于亏损状态的瞪羚企业共239家企业，占比8.37%（表2-7）。

表2-7　2017年国家高新区瞪羚企业净利润分布

| 净利润（元） | 瞪羚企业数量（家） | 占比 |
| --- | --- | --- |
| 1亿以上 | 338 | 11.83% |
| 8000万~1亿 | 75 | 2.62% |
| 6000万~8000万 | 107 | 3.74% |
| 5000万~6000万 | 79 | 2.76% |
| 4000万~5000万 | 116 | 4.06% |
| 3000万~4000万 | 165 | 5.78% |
| 2000万~3000万 | 257 | 9.00% |
| 1000万~2000万 | 454 | 15.89% |
| 500万~1000万 | 354 | 12.39% |
| 0~500万 | 673 | 23.56% |
| 亏损 | 239 | 8.37% |

从净利润率分布来看，瞪羚企业平均利润率为10.76%，高于高新区企业平均利润率（6.99%）。净利润率为0~20%的瞪羚企业最多，共2032家，占瞪羚企业总数的71.13%；净利润率为20%~50%的瞪羚企业共512家，占比17.92%；净利润率超过50%的瞪羚企业共74家，占比2.59%；处于亏损状态的瞪羚企业共239家企业，占比8.37%（表2-8）。

表2-8  2017年国家高新区瞪羚企业净利润率分布

| 净利润率 | 瞪羚企业数量（家） | 占比 |
| --- | --- | --- |
| 50%以上 | 74 | 2.59% |
| 30%~50% | 201 | 7.04% |
| 20%~30% | 311 | 10.89% |
| 10%~20% | 669 | 23.42% |
| 5%~10% | 585 | 20.48% |
| 0~5% | 778 | 27.23% |
| 亏损 | 239 | 8.37% |

2017年瞪羚企业平均资产利润率为6.77%，高于国家高新区企业平均资产利润率（4.68%）。平均资产利润率为0~10%的瞪羚企业最多，共1440家，占瞪羚企业总数的50.40%；平均资产利润率为10%~20%的瞪羚企业共717家，占比25.10%；平均资产利润率超过20%的瞪羚企业共462家，占比16.17%；处于亏损状态的瞪羚企业共238家，占比8.33%（表2-9）。

表2-9  2017年国家高新区瞪羚企业平均资产利润率分布

| 资产利润率 | 瞪羚企业数量（家） | 占比 |
| --- | --- | --- |
| 50%以上 | 61 | 2.14% |
| 30%~50% | 151 | 5.29% |
| 20%~30% | 250 | 8.75% |
| 15%~20% | 280 | 9.80% |
| 10%~15% | 437 | 15.30% |
| 5%~10% | 644 | 22.54% |
| 0~5% | 796 | 27.86% |
| 亏损 | 238 | 8.33% |

2017年瞪羚企业平均净资产利润率为18.78%。平均净资产利润率为0~20%的瞪羚企业最多，共1432家，占瞪羚企业总数的50.12%；平均净资产利润率为20%~30%的瞪羚企业共477家，占比16.70%；平均净资产利润率为30%~50%的瞪羚企业共410家，占比14.35%；平均净资产利润率超过50%的瞪羚企业共321家，占比11.24%；平均净资产利润率为负的瞪羚企业共217家，占比7.60%（表2-10）。

表2-10　2017年国家高新区瞪羚企业平均净资产利润率分布

| 净资产利润率 | 瞪羚企业数量（家） | 占比 |
|---|---|---|
| 50%以上 | 321 | 11.24% |
| 45%~50% | 73 | 2.56% |
| 40%~45% | 96 | 3.36% |
| 35%~40% | 113 | 3.96% |
| 30%~35% | 128 | 4.48% |
| 25%~30% | 222 | 7.77% |
| 20%~25% | 255 | 8.93% |
| 15%~20% | 334 | 11.69% |
| 10%~15% | 381 | 13.34% |
| 5%~10% | 359 | 12.57% |
| 0~5% | 358 | 12.53% |
| <0 | 217 | 7.60% |

## （五）八成以上国家高新区瞪羚企业持续经营时间在6年及以上

2017年瞪羚企业平均持续经营时间约为8年，大多数瞪羚企业成立时间达到6年及以上（2357家，占比82.50%），2012年及之后成立的瞪羚企业共500家，仅占瞪羚企业总数的17.50%，说明大多数瞪羚企业持续经营时间在6年及以上，瞪羚企业经营持续性良好（表2-11和图2-3）。

表2-11　2017年国家高新区瞪羚企业持续经营时间分布

| 注册年份 | 持续经营时间（年） | 瞪羚企业数量（家） | 占比 |
|---|---|---|---|
| 2004 | 13 | 265 | 9.28% |
| 2005 | 12 | 279 | 9.77% |
| 2006 | 11 | 282 | 9.87% |
| 2007 | 10 | 279 | 9.77% |
| 2008 | 9 | 294 | 10.29% |
| 2009 | 8 | 318 | 11.13% |
| 2010 | 7 | 347 | 12.15% |
| 2011 | 6 | 293 | 10.26% |

续表

| 注册年份 | 持续经营时间（年） | 瞪羚企业数量（家） | 占比 |
|---|---|---|---|
| 2012 | 5 | 175 | 6.13% |
| 2013 | 4 | 126 | 4.41% |
| 2014 | 3 | 95 | 3.33% |
| 2015 | 2 | 57 | 2.00% |
| 2016 | 1 | 39 | 1.37% |
| 2017 | 不到1年 | 8 | 0.28% |

图2-3　2017年国家高新区瞪羚企业持续经营时间分布

## 三、瞪羚企业引领高新区高技术产业创新发展

2017年，瞪羚企业分布在15个行业门类的55个行业大类。此外，66.22%的瞪羚企业分布于高技术产业，并且该群体占比逐年增加，说明瞪羚企业持续引领高新区高技术产业创新发展。

### （一）国家高新区瞪羚企业行业分布广泛

瞪羚企业主要集中在制造业和信息服务等行业。国家高新区瞪羚企业共分布在15个行业门类，其中，制造业的瞪羚企业数量最多，共1480家，占比51.80%；信息传输、软件和信息技术服务业的瞪羚企业数量共873家，占比30.56%；科学研究和技术服务业的瞪羚企业数量共269家，占比9.42%（表2-12）。

表2-12  2017年国家高新区瞪羚企业行业门类分布

| 行业门类 | 瞪羚企业数量（家） | 占比 |
| --- | --- | --- |
| 制造业 | 1480 | 51.80% |
| 信息传输、软件和信息技术服务业 | 873 | 30.56% |
| 科学研究和技术服务业 | 269 | 9.42% |
| 批发和零售业 | 70 | 2.45% |
| 建筑业 | 28 | 0.98% |
| 租赁和商务服务业 | 28 | 0.98% |
| 水利、环境和公共设施管理业 | 28 | 0.98% |
| 电力、热力、燃气及水生产和供应业 | 26 | 0.91% |
| 金融业 | 18 | 0.63% |
| 教育 | 13 | 0.46% |
| 卫生和社会工作 | 10 | 0.35% |
| 文化、体育和娱乐业 | 9 | 0.32% |
| 农、林、牧、渔业 | 2 | 0.07% |
| 居民服务、修理和其他服务业 | 2 | 0.07% |
| 交通运输、仓储和邮政业 | 1 | 0.04% |

瞪羚企业所处行业大类共55个，分布于57.29%的行业。在这55个行业大类中，瞪羚企业数量居前3名的行业分别是软件和信息技术服务业，计算机、通信和其他电子设备制造业，专用设备制造业；拥有50家以上瞪羚企业的行业有14个，拥有20家及以上瞪羚企业的行业有23个，拥有10家及以上瞪羚企业的行业有32个（表2-13）。

表2-13  2017年国家高新区瞪羚企业行业大类分布

| 行业大类 | 瞪羚企业数量（家） | 占比 |
| --- | --- | --- |
| 软件和信息技术服务业 | 750 | 26.25% |
| 计算机、通信和其他电子设备制造业 | 375 | 13.13% |
| 专用设备制造业 | 199 | 6.97% |
| 电气机械和器材制造业 | 187 | 6.55% |

续表

| 行业大类 | 瞪羚企业数量（家） | 占比 |
|---|---|---|
| 科技推广和应用服务业 | 127 | 4.45% |
| 仪器仪表制造业 | 122 | 4.27% |
| 通用设备制造业 | 114 | 3.99% |
| 互联网和相关服务 | 110 | 3.85% |
| 医药制造业 | 99 | 3.47% |
| 专业技术服务业 | 85 | 2.98% |
| 化学原料和化学制品制造业 | 77 | 2.70% |
| 汽车制造业 | 72 | 2.52% |
| 研究和试验发展 | 57 | 2.00% |
| 批发业 | 52 | 1.82% |
| 铁路、船舶、航空航天和其他运输设备制造业 | 37 | 1.30% |
| 非金属矿物制品业 | 32 | 1.12% |
| 其他制造业 | 27 | 0.95% |
| 商务服务业 | 27 | 0.95% |
| 金属制品业 | 26 | 0.91% |
| 生态保护和环境治理业 | 26 | 0.91% |
| 橡胶和塑料制品业 | 22 | 0.77% |
| 电力、热力生产和供应业 | 21 | 0.74% |
| 有色金属冶炼和压延加工业 | 20 | 0.70% |
| 建筑安装业 | 19 | 0.67% |
| 零售业 | 18 | 0.63% |
| 食品制造业 | 16 | 0.56% |
| 其他金融业 | 16 | 0.56% |
| 电信、广播电视和卫星传输服务 | 13 | 0.46% |
| 教育 | 13 | 0.46% |
| 农副食品加工业 | 11 | 0.39% |
| 家具制造业 | 10 | 0.35% |
| 卫生 | 10 | 0.35% |
| 其他 | 67 | 2.35% |

## （二）国家高新区瞪羚企业多为民营企业和高新技术企业

民营企业是国家高新区瞪羚企业的主体。从企业控股情况和登记注册情况来看，2857家瞪羚企业中，68.15%为私人控股，仅10.05%为国有控股（图2-4）。私人控股及私营企业仍是瞪羚企业的主力。

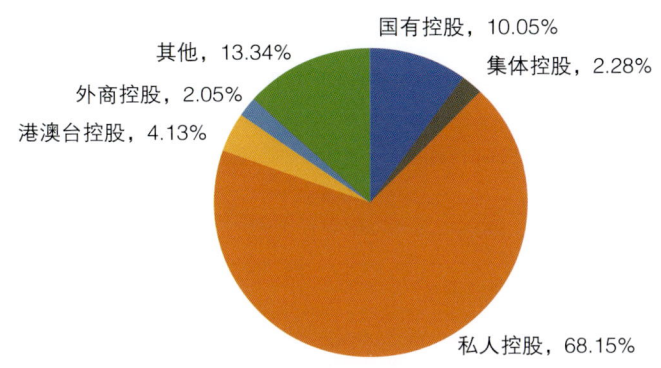

图2-4　2017年国家高新区瞪羚企业控股情况分布

近九成瞪羚企业被认定为高新技术企业。2857家瞪羚企业中被认定为高新技术企业的有2512家，占瞪羚企业总数的87.92%。瞪羚企业中高新技术企业占比远高于国家高新区整体水平，在2017年国家高新区纳入火炬统计范围的106 179家企业中，高新技术企业占比仅为46.88%，远低于瞪羚企业中高新技术企业占比（图2-5）。

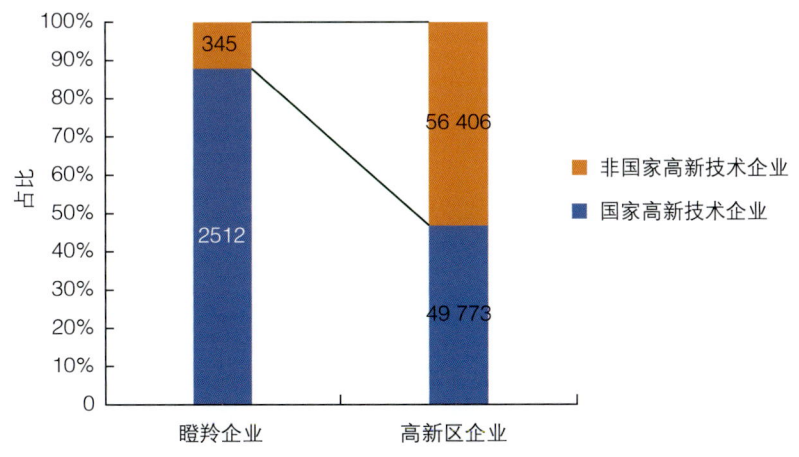

图2-5　2017年国家高新区瞪羚企业高新技术企业认定情况

## （三）近七成国家高新区瞪羚企业分布于高技术产业

近七成瞪羚企业属于高技术产业。2857家瞪羚企业中有1892家属于高技术产业，占瞪羚企业总数的66.22%。高技术产业中，高技术制造业瞪羚企业共734家，高技术服务业瞪羚企业共1158家，分别占瞪羚企业总数的25.69%和40.53%；信息服务业瞪羚企业最多，共839家，占瞪羚企业总数的29.37%（表2-14）。

表2-14　2017年国家高新区瞪羚企业在高技术产业的分布情况

| 高技术产业 | 瞪羚企业数量（家） | 占比 |
| --- | --- | --- |
| 高技术制造业合计 | 734 | 25.69% |
| 　　医药制造业 | 99 | 3.47% |
| 　　航空、航天器及设备制造业 | 21 | 0.74% |
| 　　电子及通信设备制造业 | 378 | 13.23% |
| 　　计算机及办公设备制造业 | 48 | 1.68% |
| 　　医疗仪器设备及仪器仪表制造 | 179 | 6.27% |
| 　　信息化学品制造业 | 9 | 0.32% |
| 高技术服务业合计 | 1158 | 40.53% |
| 　　信息服务 | 839 | 29.37% |
| 　　电子商务服务 | 51 | 1.79% |
| 　　检验检测服务 | 20 | 0.70% |
| 　　专业技术服务业的高技术服务 | 25 | 0.88% |
| 　　研发与设计服务 | 67 | 2.35% |
| 　　科技成果转化服务 | 127 | 4.45% |
| 　　知识产权及相关法律服务 | 0 | 0 |
| 　　环境监测及治理服务 | 29 | 1.02% |
| 高技术产业总计 | 1892 | 66.22% |

高技术产业瞪羚企业经济指标更加优异。734家高技术制造业瞪羚企业的平均营业收入、平均净利润率和平均从业人员数量分别是国家高新区企业平均水平的1.82倍、1.46倍和1.85倍；1158家高技术服务业瞪羚企业的平均营业收入、平均净利润率和平均从业人员数量分别是国家高新区企业平均水平的5.92倍、1.52倍和4.05倍（表2-15）。

表2-15 2017年高技术产业中国家高新区的瞪羚企业与其他企业经济指标均值对比

| 高技术行业 | 企业数量 | | | 平均营业收入 | | | 平均净利润率 | | | 平均从业人员数量 | | | 平均净利润 | | |
|---|---|---|---|---|---|---|---|---|---|---|---|---|---|---|---|
| | 瞪羚企业（家） | 高新区企业（家） | 占比 | 瞪羚企业（亿元） | 高新区企业（亿元） | 对比（倍） | 瞪羚企业 | 高新区企业 | 对比（倍） | 瞪羚企业（人） | 高新区企业（人） | 对比（倍） | 瞪羚企业（万元） | 高新区企业（万元） | 对比（倍） |
| 高技术制造业合计 | 734 | 14 229 | 5.16% | 7.50 | 4.11 | 1.82 | 10.54% | 7.20% | 1.46 | 546 | 296 | 1.85 | 6224.140 | 2959.343 | 2.10 |
| 医药制造业 | 99 | 2404 | 4.12% | 2.58 | 3.58 | 0.72 | 20.91% | 13.63% | 1.53 | 254 | 294 | 0.86 | 5393.386 | 4876.901 | 1.11 |
| 航空、航天器及设备制造业 | 21 | 355 | 5.92% | 7.36 | 4.90 | 1.50 | 25.08% | 8.61% | 2.91 | 671 | 587 | 1.14 | 18 462.431 | 4220.666 | 4.37 |
| 电子及通信设备制造业 | 378 | 6011 | 6.29% | 11.41 | 5.75 | 1.98 | 6.93% | 5.89% | 1.18 | 778 | 389 | 2.00 | 7913.650 | 3389.391 | 2.33 |
| 计算机及办公设备制造业 | 48 | 813 | 5.90% | 7.34 | 10.77 | 0.68 | 4.33% | 3.88% | 1.12 | 460 | 532 | 0.86 | 3178.339 | 4182.803 | 0.76 |
| 医疗仪器设备及仪表制造 | 179 | 4568 | 3.92% | 1.79 | 0.97 | 1.84 | 12.41% | 10.95% | 1.13 | 213 | 108 | 1.98 | 2216.290 | 1063.952 | 2.08 |
| 信息化学品制造业 | 9 | 78 | 11.54% | 12.17 | 5.08 | 2.40 | 9.70% | 6.36% | 1.53 | 789 | 370 | 2.13 | 11 802.922 | 3226.976 | 3.66 |
| 高技术服务业合计 | 1158 | 29 664 | 3.90% | 6.02 | 1.02 | 5.92 | 15.50% | 10.21% | 1.52 | 406 | 100 | 4.05 | 9087.225 | 1037.447 | 8.76 |
| 信息服务 | 839 | 23 713 | 3.54% | 7.19 | 1.08 | 6.64 | 16.31% | 11.80% | 1.38 | 469 | 112 | 4.19 | 11 729.377 | 1278.123 | 9.18 |
| 电子商务服务 | 51 | 71 | 71.83% | 8.40 | 4.62 | 1.82 | (1.48%) | 9.94% | (0.15) | 473 | 312 | 1.52 | 1241.071 | 4587.343 | (0.27) |
| 检验检测服务 | 20 | 482 | 4.15% | 0.98 | 0.65 | 1.50 | 24.79% | 20.20% | 1.23 | 162 | 145 | 1.12 | 2424.727 | 1314.844 | 1.84 |
| 专业技术服务业的高技术服务 | 25 | 1372 | 1.82% | 4.55 | 3.70 | 1.23 | 7.59% | 8.47% | 0.90 | 372 | 275 | 1.35 | 3452.151 | 3131.682 | 1.10 |
| 研发与设计服务 | 67 | 2535 | 2.64% | 17.60 | 1.31 | 1.34 | 16.19% | 4.99% | 3.25 | 260 | 107 | 2.43 | 2848.501 | 652.944 | 4.36 |
| 科技成果转化服务 | 127 | 8065 | 1.57% | 1.70 | 0.29 | 6.00 | 16.71% | 2.26% | 7.40 | 158 | 34 | 4.65 | 2846.202 | 65.398 | 43.52 |
| 知识产权及相关法律服务 | 0 | 166 | 0.00% | 0.00 | 0.33 | 0.00 | 0.00% | 9.03% | 0.00 | 0 | 68 | 0.00 | 0.000 | 296.972 | 0.00 |
| 环境监测及治理服务 | 29 | 725 | 4.00% | 1.29 | 0.84 | 1.54 | 15.63% | 11.94% | 1.31 | 111 | 69 | 1.62 | 2008.228 | 997.464 | 2.01 |

## 四、瞪羚企业的快速成长充分体现了双创工作成效

### （一）268家瞪羚企业毕业于孵化器或加速器

孵化器及加速器为瞪羚企业的成长提供了土壤。截至2017年年底，入驻或毕业于孵化器或加速器的瞪羚企业共535家，占瞪羚企业总数的18.73%，其中，已从孵化器或加速器毕业的瞪羚企业有268家，在孵企业有267家。

从毕业时间上看，2011—2016年毕业的瞪羚企业较多，共200家，占所有已毕业瞪羚企业数量的74.63%；2008—2010年毕业的瞪羚企业共48家，占比17.91%；2004—2007年毕业的瞪羚企业共11家，占比4.10%；2017年毕业的瞪羚企业共9家，占比仅为3.36%（图2-6）。

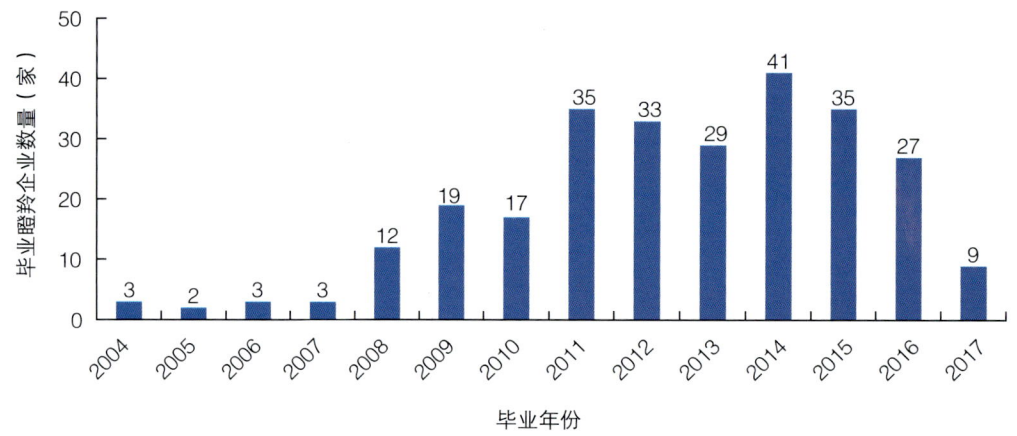

图2-6　2017年瞪羚企业从孵化器或加速器毕业时间分布

从入驻时间上看，2009—2014年入驻孵化器或加速器的瞪羚企业数量最多，共173家，占在孵企业数的64.79%；2004—2008年入驻的瞪羚企业共62家，占比23.22%；2015年及之后入驻的瞪羚企业共32家，占比11.99%（图2-7）。

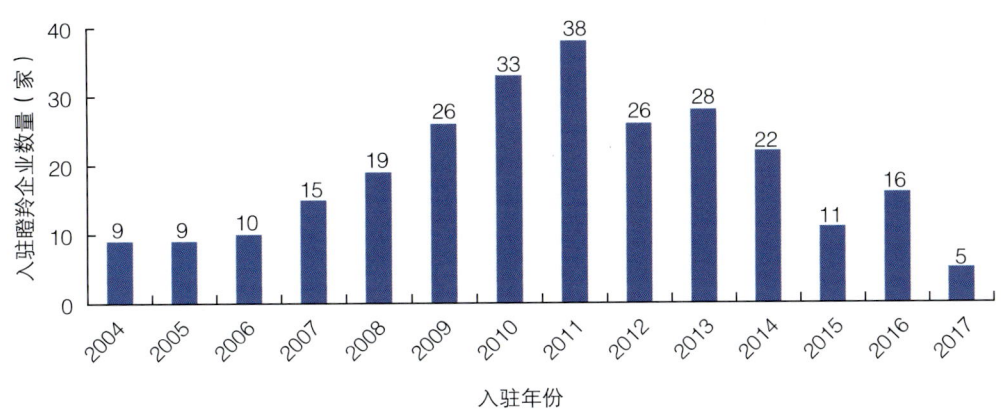

图2-7　2017年瞪羚企业入驻孵化器或加速器时间分布

## （二）国家高新区瞪羚企业高新技术领域[①]分布情况

近五成瞪羚企业分布在电子信息领域。高新技术领域瞪羚企业合计2747家，占瞪羚企业总数的96.15%。其中，分布于电子信息领域的瞪羚企业最多，共1271家，占瞪羚企业总数的44.49%；之后依次分布在先进制造与自动化、高技术服务、生物与新医药、新材料等领域，数量分别为392家、294家、252家和244家，占比分别为13.72%、10.29%、8.82%和8.54%（表2-16）。

表2-16　2017年高新技术领域国家高新区瞪羚企业数量分布

| 领域 | 瞪羚企业数量（家） | 占比 |
| --- | --- | --- |
| 电子信息 | 1271 | 44.49% |
| 先进制造与自动化 | 392 | 13.72% |
| 高技术服务 | 294 | 10.29% |
| 生物与新医药 | 252 | 8.82% |
| 新材料 | 244 | 8.54% |
| 新能源与节能 | 158 | 5.53% |
| 资源与环境 | 107 | 3.74% |
| 航空航天 | 29 | 1.02% |
| 合计 | 2747 | 96.15% |

---

① 高新技术领域依据《国家重点支持的高新技术领域目录》中的8个一级领域界定。

新能源与节能领域瞪羚企业平均营业收入规模最大。2017年高新技术领域瞪羚企业平均营业收入为6.19亿元，其中，新能源与节能、电子信息、航空航天领域瞪羚企业的平均营业收入规模较大，分别为8.73亿元、7.47亿元和6.88亿元，均高于瞪羚企业平均水平。

航空航天领域瞪羚企业平均净利润最高。2017年高新技术领域瞪羚企业平均净利润为7033万元，其中，航空航天、电子信息、新能源与节能领域瞪羚企业的平均净利润较高，分别为14736万元、9863万元和7339万元。

航空航天领域瞪羚企业平均期末从业人数最多。2017年高新技术领域瞪羚企业平均期末从业人数为431人，其中，航空航天、新材料、高技术服务领域瞪羚企业的平均期末从业人数较多，分别为666人、543人和523人（表2-17）。

表2-17　2017年高新技术领域瞪羚企业部分指标

| 领域 | 平均营业收入（亿元） | 平均净利润（万元） | 平均期末从业人数（人） |
| --- | --- | --- | --- |
| 新能源与节能 | 8.73 | 7339 | 510 |
| 电子信息 | 7.47 | 9863 | 461 |
| 航空航天 | 6.88 | 14 736 | 666 |
| 高技术服务 | 6.31 | 3085 | 523 |
| 新材料 | 5.63 | 5743 | 543 |
| 先进制造与自动化 | 4.53 | 3670 | 334 |
| 资源与环境 | 2.73 | 3385 | 164 |
| 生物与新医药 | 2.57 | 4316 | 246 |
| 总体平均值 | 6.19 | 7033 | 431 |

航空航天领域瞪羚企业平均科技活动投入强度最高。2017年高新技术领域瞪羚企业平均科技活动投入强度为7.11%，其中，航空航天、电子信息、生物与新医药领域瞪羚企业的平均科技活动投入强度较高，分别为11.82%、8.64%和7.72%（表2-18）。

表2-18　2017年高新技术领域瞪羚企业平均科技活动投入强度

| 领域 | 平均科技活动投入强度 |
|---|---|
| 航空航天 | 11.82% |
| 电子信息 | 8.64% |
| 生物与新医药 | 7.72% |
| 高技术服务 | 5.35% |
| 先进制造与自动化 | 4.93% |
| 资源与环境 | 4.80% |
| 新材料 | 4.24% |
| 新能源与节能 | 4.15% |
| 总体平均值 | 7.11% |

资源与环境领域瞪羚企业每万名R&D人员专利授权数最多。2017年高新技术领域瞪羚企业每万名R&D人员专利授权数为1625件，其中，资源与环境、航空航天、先进制造与自动化领域瞪羚企业的每万名R&D人员专利授权数较高，分别为3349件、2824件和2644件（表2-19）。

航空航天领域瞪羚企业每百家企业商标拥有量最多。2017年高新技术领域瞪羚企业每百家企业商标拥有量为1200件，其中，航空航天、生物与新医药、电子信息领域瞪羚企业的每百家企业商标拥有量较高，分别为1734件、1515件和1507件（表2-19）。

表2-19　2017年高新技术领域瞪羚企业研发活动产出水平

| 领域 | 每万名R&D人员专利授权数（件） | 每百家企业商标拥有量（件） |
|---|---|---|
| 资源与环境 | 3349 | 564 |
| 航空航天 | 2824 | 1734 |
| 先进制造与自动化 | 2644 | 731 |
| 新能源与节能 | 2555 | 503 |
| 新材料 | 1399 | 506 |
| 电子信息 | 1378 | 1507 |
| 高技术服务 | 1354 | 1353 |
| 生物与新医药 | 1205 | 1515 |
| 总体 | 1625 | 1200 |

### （三）2017年新晋瞪羚企业1595家，2857家企业中近四成连续2年入选

2017年新晋瞪羚企业呈现出以下特征：注册时间集中在2011年及之前，表明大多数瞪羚企业从创立到成为瞪羚需要超过6年时间；同时，其平均营业收入、净利润、净利润率均高于国家高新区企业平均水平。

2017年新晋瞪羚企业共1595家，主要分布于制造业，信息传输、软件和信息技术服务业，科学研究和技术服务业。新晋瞪羚企业共分布于14个行业门类，其中，制造业新晋瞪羚企业数最多，共838家，之后为信息传输、软件和信息技术服务业，科学研究和技术服务业，分别为451家和165家。

制造业瞪羚企业创造的营业收入最多。新晋的1595家瞪羚企业共创造营业收入5644.78亿元、净利润425.94亿元，其中，分布于制造业的瞪羚企业创造营业收入3525.89亿元、净利润270.02亿元；分布于信息传输、软件和信息技术服务业的瞪羚企业创造营业收入1221.91亿元、净利润91.35亿元；分布于科学研究和技术服务业的瞪羚企业创造营业收入242.45亿元、净利润22.92亿元。

教育行业瞪羚企业净利润率最高。新晋的1595家瞪羚企业整体净利润率为7.55%，在瞪羚企业所在的14个门类中，教育行业的瞪羚企业创造的净利润率最高，为21.55%；金融业的瞪羚企业创造的净利润率为16.38%；水利、环境和公共设施管理业的瞪羚企业创造的净利润率为14.45%（表2-20）。

表2-20　2017年新晋瞪羚企业部分指标

| 行业标签 | 瞪羚企业数量（家） | 营业收入（亿元） | 净利润（亿元） | 净利润率 | 当年获得创业风投的投资额（亿元） |
|---|---|---|---|---|---|
| 制造业 | 838 | 3525.89 | 270.02 | 7.66% | 18.85 |
| 信息传输、软件和信息技术服务业 | 451 | 1221.91 | 91.35 | 7.48% | 14.19 |
| 科学研究和技术服务业 | 165 | 242.45 | 22.92 | 9.46% | 10.82 |
| 批发和零售业 | 47 | 230.08 | 5.39 | 2.34% | 0 |
| 建筑业 | 20 | 63.01 | 6.08 | 9.65% | 0 |

续表

| 行业标签 | 瞪羚企业数量（家） | 营业收入（亿元） | 净利润（亿元） | 净利润率 | 当年获得创业风投的投资额（亿元） |
|---|---|---|---|---|---|
| 水利、环境和公共设施管理业 | 18 | 21.76 | 3.15 | 14.45% | 1.8 |
| 电力、热力、燃气及水生产和供应业 | 17 | 57.84 | 6.47 | 11.19% | 0.67 |
| 租赁和商务服务业 | 14 | 187.62 | 5.23 | 2.79% | 0 |
| 金融业 | 9 | 64.17 | 10.51 | 16.38% | 0 |
| 文化、体育和娱乐业 | 7 | 12.20 | 1.71 | 14.05% | 0 |
| 教育 | 3 | 11.55 | 2.49 | 21.55% | 0 |
| 卫生和社会工作 | 3 | 2.77 | 0.18 | 6.35% | 0 |
| 农、林、牧、渔业 | 2 | 2.83 | 0.37 | 13.10% | 0 |
| 居民服务、修理和其他服务业 | 1 | 0.70 | 0.07 | 9.42% | 0 |
| 合计 | 1595 | 5644.78 | 425.94 | | 46.33 |

2017年新晋瞪羚企业的注册时间集中于2011年之前。新晋的1595家瞪羚企业有1238家注册时间在2011年及之前，占新晋瞪羚企业整体的77.61%；仅357家注册时间在2012年及之后，占新晋瞪羚企业整体的22.38%。表明瞪羚企业从创立到成为瞪羚大致需要超过6年时间（图2-8）。

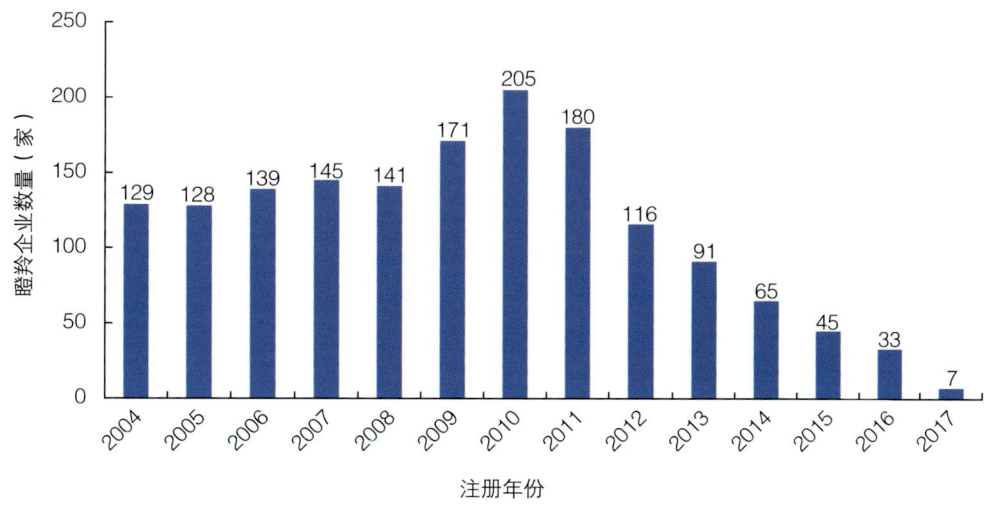

图2-8　2017年新晋瞪羚企业注册时间分布

近四成瞪羚企业连续2年入选国家高新区瞪羚企业名单。2017年的2857家瞪羚企业中，连续2年入选的瞪羚企业共1086家，占瞪羚企业总数的38.01%；连续3年入选的瞪羚企业共360家，占比12.60%；连续4年入选的瞪羚企业共85家，占比2.98%；连续5年入选的瞪羚企业仅36家，占比1.26%（图2-9）。

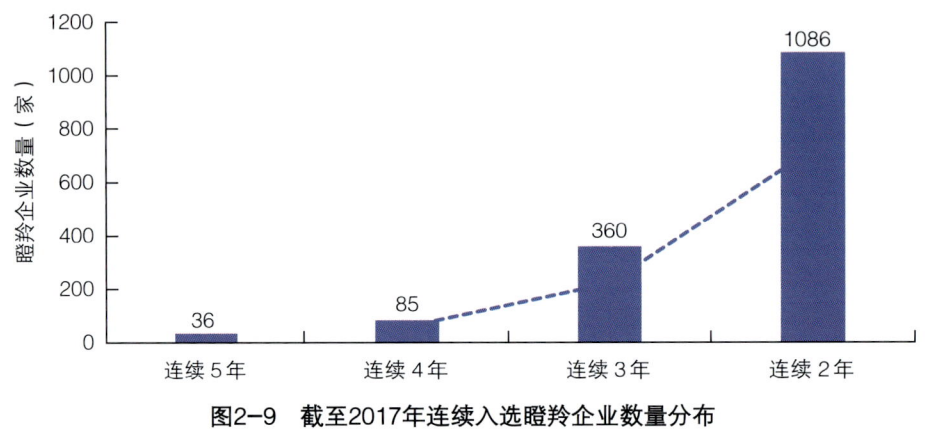

**图2-9 截至2017年连续入选瞪羚企业数量分布**

连续2年入选的瞪羚企业分布在94个国家高新区。其中，中关村有284家，占比26.15%；上海张江有111家，广州有57家，深圳有52家（表2-21）。

表2-21 连续2年入选瞪羚企业集中分布的前10个国家高新区

| 国家高新区 | 瞪羚企业数量（家） |
| --- | --- |
| 中关村 | 284 |
| 上海张江 | 111 |
| 广州 | 57 |
| 深圳 | 52 |
| 杭州 | 43 |
| 苏州工业园 | 30 |
| 武汉东湖 | 30 |
| 成都 | 25 |
| 厦门 | 25 |
| 苏州 | 22 |

## （四）八成以上瞪羚企业为中小型企业

超过八成瞪羚企业为中小型[1]企业。在2857家瞪羚企业中，小型瞪羚企业数量最多，共1274家，占瞪羚企业总数的44.59%；其次是中型瞪羚企业，共1169家，占比40.92%；大型瞪羚企业共409家，占比14.32%；微型瞪羚企业5家，占比0.18%（表2-22）。

表2-22　2017年大中小微型瞪羚企业分布

| 类型 | 大型 | 中型 | 小型 | 微型 | 合计 |
|---|---|---|---|---|---|
| 瞪羚企业数量（家） | 409 | 1169 | 1274 | 5 | 2857 |
| 占比 | 14.31% | 40.92% | 44.59% | 0.18% | 100% |

在15个行业门类中，大型、中型瞪羚企业主要分布于制造业，信息传输、软件和信息技术服务业；小型瞪羚企业主要分布于制造业；微型瞪羚企业主要分布于制造业、科学研究和技术服务业（表2-23）。

表2-23　2017年大中小微型瞪羚企业所属行业分布

单位：家

| 行业门类 | 大型 | 中型 | 小型 | 微型 |
|---|---|---|---|---|
| 农、林、牧、渔业 | 1 | 1 | 0 | 0 |
| 制造业 | 131 | 485 | 862 | 2 |
| 电力、热力、燃气及水生产和供应业 | 2 | 7 | 17 | 0 |
| 建筑业 | 3 | 16 | 9 | 0 |
| 批发和零售业 | 13 | 43 | 14 | 0 |
| 交通运输、仓储和邮政业 | 1 | 0 | 0 | 0 |
| 信息传输、软件和信息技术服务业 | 188 | 476 | 209 | 0 |
| 金融业 | 9 | 6 | 3 | 0 |
| 租赁和商务服务业 | 2 | 15 | 11 | 0 |

---

[1] 中小型企业的划分标准参照工业和信息化部、国家统计局、发展改革委、财政部2011年发布的《关于印发中小企业划型标准规定的通知》。

续表

| 行业门类 | 大型 | 中型 | 小型 | 微型 |
|---|---|---|---|---|
| 科学研究和技术服务业 | 45 | 93 | 128 | 3 |
| 水利、环境和公共设施管理业 | 0 | 14 | 14 | 0 |
| 居民服务、修理和其他服务业 | 1 | 0 | 1 | 0 |
| 教育 | 7 | 4 | 2 | 0 |
| 卫生和社会工作 | 4 | 6 | 0 | 0 |
| 文化、体育和娱乐业 | 2 | 3 | 4 | 0 |
| 合计 | 409 | 1169 | 1274 | 5 |

分布于高新技术领域的中小型瞪羚企业共2353家，占中小型瞪羚企业数量的96.32%。其中，1048家分布于电子信息领域，占中小型瞪羚企业数量的42.90%；366家分布于先进制造与自动化领域，占比14.98%；232家分布于生物与新医药领域，占比9.50%（表2-24）。

表2-24　2017年中小型瞪羚企业在高新技术领域的数量分布

| 高新技术领域 | 中小型瞪羚企业数量（家） | 占中小型瞪羚企业比例 |
|---|---|---|
| 电子信息 | 1048 | 42.90% |
| 先进制造与自动化 | 366 | 14.98% |
| 生物与新医药 | 232 | 9.50% |
| 新材料 | 226 | 9.25% |
| 高技术服务 | 221 | 9.05% |
| 新能源与节能 | 132 | 5.40% |
| 资源与环境 | 104 | 4.26% |
| 航空航天 | 24 | 0.98% |
| 合计 | 2353 | 96.32% |

中小型瞪羚企业中高新技术企业占比略高于瞪羚企业平均水平。2443家中小型瞪羚企业中，有2156家是高新技术企业，占比88.25%，高于瞪羚企业整体占比87.92%和国家高新区企业整体占比46.68%（表2-25）。

表2-25　2017年中小型瞪羚企业高新技术企业分布

| 企业类型 | 中小型瞪羚企业 | | 瞪羚企业 | | 国家高新区企业 | |
| --- | --- | --- | --- | --- | --- | --- |
| | 数量 | 占比 | 数量 | 占比 | 数量 | 占比 |
| 高新技术企业 | 2156 | 88.25% | 2512 | 87.92% | 49773 | 46.88% |
| 非高新技术企业 | 287 | 11.75% | 345 | 12.08% | 56406 | 53.12% |
| 合计 | 2443 | 100% | 2857 | 100% | 106179 | 100% |

中小型瞪羚企业平均科技活动投入为1749.73万元，平均科技活动投入强度为4.81%，平均科技活动人员为66人，科技活动人员占比为32.53%（表2-26）。

表2-26　2017年中小型瞪羚企业科技活动指标

| 科技活动指标 | 中小型瞪羚企业 | 瞪羚企业 | 中小型瞪羚企业/瞪羚企业整体 |
| --- | --- | --- | --- |
| 平均科技活动投入（万元） | 1749.73 | 4489.37 | 38.97% |
| 平均科技活动投入强度 | 4.81% | 6.98% | — |
| 平均科技活动人员（人） | 66 | 139 | 47.48% |
| 科技活动人员占比 | 32.53% | 32.38% | — |

### （五）获风险投资的瞪羚企业数逐年增加

近三年共有230家瞪羚企业获得风险投资。从获投企业数量来看，2014—2017年，获得风险投资的瞪羚企业累计为230家，其中，2017年获得风险投资的企业数为83家，占2017年瞪羚企业总数的2.91%（图2-10）。

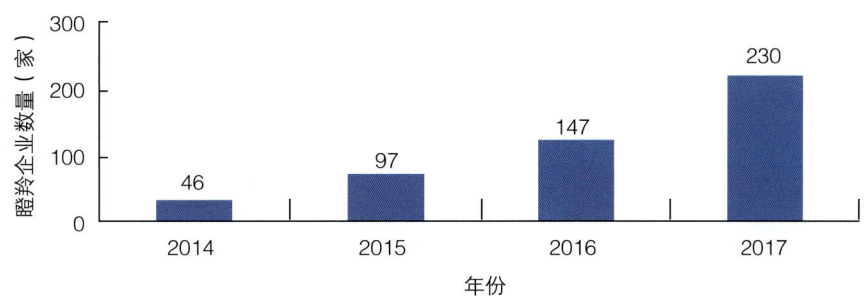

图2-10　2014—2017年获得风险投资瞪羚企业累计数量

从获投资金额来看①，2014—2017年，瞪羚企业累计获得风险投资额合计181.35亿元，其中，2015年和2016年获得的风险投资额最高，分别为70.22亿元和69.62亿元，2017年获得4000万元以上投资的瞪羚企业数为30家，获得1000万元以下投资的企业数为39家（图2-11）。

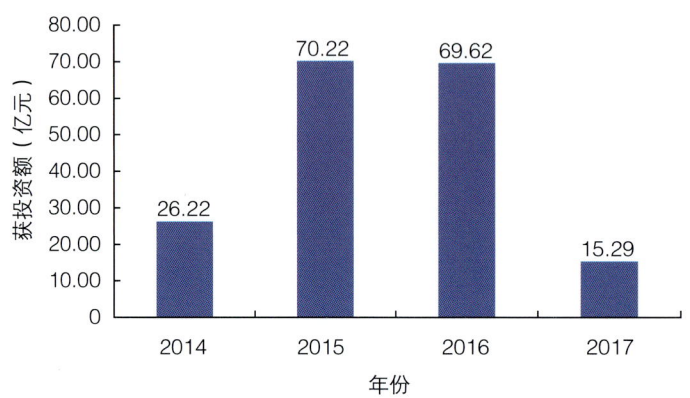

图2-11　2014—2017年瞪羚企业获得创业机构风险投资情况

## （六）61家瞪羚企业上市、467家瞪羚企业在新三板挂牌

2857家瞪羚企业中，有61家上市、467家在新三板挂牌，分别占瞪羚企业总数的2.14%和16.35%，瞪羚企业每年上市和新三板挂牌数量从2009年的2家增长到2017年的78家。

上市地点以深交所、上交所为主。截至2017年年底，共有61家瞪羚企业上市，占瞪羚企业总数的2.14%，其中，在深交所、上交所上市的瞪羚企业为52家，占上市瞪羚企业总数的85.25%；在海外上市的瞪羚企业为8家，占比13.11%；在香港上市的瞪羚企业为1家（表2-27）。

表2-27　瞪羚企业上市时间与上市地点情况

单位：家

| 上市时间 | 深交所主板 | 深交所创业板 | 深交所中小板 | 上交所 | 香港 | 纳斯达克 | 纽约交易所 | 其他海外市场 | 总计 |
|---|---|---|---|---|---|---|---|---|---|
| 2009年 | — | 1 | — | — | — | — | — | — | 1 |

---

① 以4年（2014—2017年）数据齐全的1459家瞪羚企业为样本进行分析。

续表

| 上市时间 | 深交所主板 | 深交所创业板 | 深交所中小板 | 上交所 | 香港 | 纳斯达克 | 纽约交易所 | 其他海外市场 | 总计 |
|---|---|---|---|---|---|---|---|---|---|
| 2010年 | — | — | — | — | — | — | — | — | — |
| 2011年 | — | — | — | — | — | — | — | — | — |
| 2012年 | — | 3 | — | — | — | — | — | — | 3 |
| 2013年 | — | — | — | — | — | — | 1 | — | 1 |
| 2014年 | — | 3 | — | 1 | — | 2 | — | — | 6 |
| 2015年 | — | 2 | 2 | 3 | — | 1 | — | — | 8 |
| 2016年 | — | 7 | 1 | 4 | 1 | 1 | — | 1 | 15 |
| 2017年 | — | 15 | 2 | 8 | — | — | 2 | — | 27 |
| 合计 | — | 31 | 5 | 16 | 1 | 4 | 3 | 1 | 61 |
| 汇总 | 内地市场：52 | | | | 香港市场：1 | 海外市场：8 | | | |

截至2017年年底，467家瞪羚企业在新三板挂牌。自2012年始，选择在新三板挂牌的瞪羚企业逐年增多，尤其是2015年、2016年，新三板挂牌的瞪羚企业数增长明显（表2-28）。

表2-28　瞪羚企业新三板挂牌时间与数量

| 挂牌时间 | 瞪羚企业数量（家） |
|---|---|
| 2009年 | 1 |
| 2010年 | — |
| 2011年 | — |
| 2012年 | 4 |
| 2013年 | 13 |
| 2014年 | 66 |
| 2015年 | 167 |
| 2016年 | 165 |
| 2017年 | 51 |
| 合计 | 467 |

## 五、不同类别园区的瞪羚企业表现

### （一）瞪羚企业分布于139个国家高新区

截至2017年年底，国家高新区总数由2016年的147个增加至157个，拥有瞪羚企业的国家高新区由2016年的132个上升到139个。拥有瞪羚企业的国家高新区占国家高新区总数的88.53%。瞪羚企业数量在20家以上的国家高新区有29个（表2-29）。

表2-29 2017年瞪羚企业数量20家以上的国家高新区名单

| 序号 | 国家高新区 | 瞪羚企业数量（家） | 序号 | 国家高新区 | 瞪羚企业数量（家） |
|---|---|---|---|---|---|
| 1 | 中关村 | 661 | 16 | 济南 | 38 |
| 2 | 上海张江 | 296 | 17 | 郑州 | 37 |
| 3 | 深圳 | 123 | 18 | 重庆 | 33 |
| 4 | 广州 | 116 | 19 | 襄阳 | 32 |
| 5 | 苏州工业园 | 100 | 20 | 无锡 | 30 |
| 6 | 杭州 | 85 | 20 | 昆山 | 30 |
| 6 | 武汉东湖 | 85 | 20 | 珠海 | 30 |
| 8 | 厦门 | 60 | 23 | 常州 | 28 |
| 8 | 成都 | 60 | 23 | 宁波 | 28 |
| 10 | 西安 | 53 | 25 | 东莞 | 27 |
| 11 | 天津 | 48 | 26 | 芜湖 | 22 |
| 12 | 长沙 | 45 | 26 | 青岛 | 22 |
| 13 | 苏州 | 42 | 28 | 佛山 | 21 |
| 14 | 合肥 | 42 | 29 | 南通 | 20 |
| 15 | 南京 | 38 | | | |

排名前十的国家高新区共拥有瞪羚企业1639家，占国家高新区瞪羚企业总数的57.37%。其中，中关村拥有瞪羚企业661家，占比23.14%；上海张江拥有瞪羚企业296家，占比10.36%；深圳高新区拥有瞪羚企业123家，广州高新区拥有瞪羚企业116家，占比分别为4.31%和4.06%。

2017年，2857家瞪羚企业分布于139个国家高新区。其中，1463家分布于8个世界一流高科技园区[①]，596家分布于20个创新型科技园区[②]，271家分布于22个创新型特色园区[③]（截至2017年年底，全国共有25个创新型特色园区），其余527家分布于89个其他园区。

世界一流高科技园区成为瞪羚企业培育的沃土。3类园区及其他园区中，世界一流高科技园区的瞪羚企业数量最多，占瞪羚企业总数的51.2%，其次是创新型科技园区，占比20.9%，创新型特色园区和其他园区占比分别为9.5%、18.4%（图2-12）。

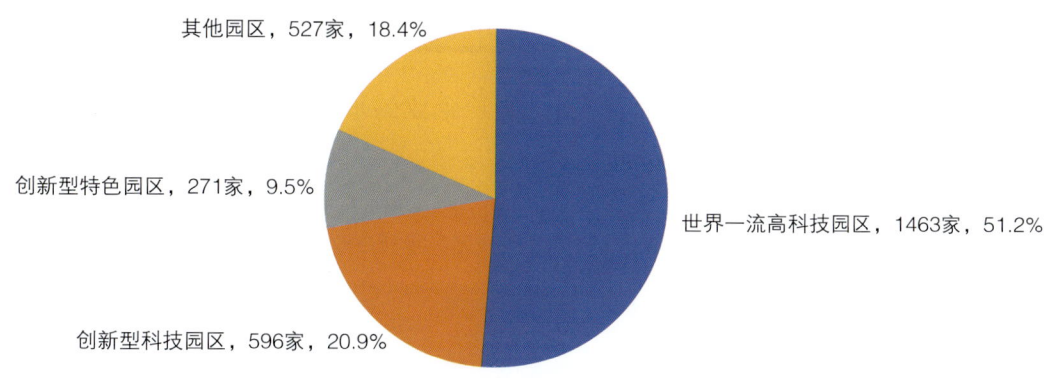

**图2-12　2017年3类园区及其他园区瞪羚企业数量分布**

### （二）世界一流高科技园区的瞪羚企业情况

世界一流高科技园区共有瞪羚企业1463家。其中，中关村661家，上海张江296家，深圳高新区123家，苏州工业园区100家，武汉东湖和杭州高新区各85家，成都高新区60家，西安高新区53家（表2-30）。

**表2-30　2017年世界一流高科技园区瞪羚企业数量**

| 世界一流高科技园区的高新区 | 瞪羚企业数量（家） |
| --- | --- |
| 中关村 | 661 |
| 上海张江 | 296 |

---

① 按照科技部火炬高技术产业开发中心对园区的分类，指代在建设世界一流高科技园区的高新区。
② 按照科技部火炬高技术产业开发中心对园区的分类，指代在建设创新型科技园区的高新区。
③ 按照科技部火炬高技术产业开发中心对园区的分类，指代在建设创新型特色园区的高新区。

续表

| 世界一流高科技园区的高新区 | 瞪羚企业数量（家） |
|---|---|
| 深圳 | 123 |
| 苏州工业园 | 100 |
| 武汉东湖 | 85 |
| 杭州 | 85 |
| 成都 | 60 |
| 西安 | 53 |
| 合计 | 1463 |

2017年，全国8家世界一流高科技园区瞪羚企业的平均营业收入、平均总资产、平均从业人员数量等经济指标情况如表2-31所示。

表2-31 2017年世界一流高科技园区瞪羚企业经济指标

| 世界一流高科技园区 | 平均营业收入（亿元） | 平均总资产（亿元） | 平均从业人员数量（人） | 平均出口总额（万元） | 科技活动投入强度 | 净利润率 | 平均实际上缴税费（万元） | 科技活动人员占比 |
|---|---|---|---|---|---|---|---|---|
| 中关村 | 5.8 | 8.4 | 430 | 897 | 12.7% | 11.3% | 3296.8 | 38.1% |
| 上海张江 | 5.8 | 9.6 | 281 | 3142 | 9.6% | 11.9% | 2758.0 | 38.8% |
| 深圳 | 6.6 | 49.2 | 349 | 5959 | 11.5% | 11.4% | 4950.2 | 42.1% |
| 苏州工业园 | 2.8 | 3.4 | 159 | 6725 | 13.5% | 9.2% | 1566.0 | 49.5% |
| 武汉东湖 | 5.6 | 10.1 | 530 | 8108 | 8.7% | 11.4% | 3591.3 | 27.0% |
| 杭州 | 16.5 | 17.1 | 557 | 1623 | 14.7% | 12.1% | 9626.3 | 44.1% |
| 成都 | 7.8 | 14.6 | 408 | 7196 | 9.8% | 13.6% | 7546.7 | 29.0% |
| 西安 | 6.0 | 5.9 | 724 | 13 105 | 15.5% | 12.1% | 6093.0 | 79.0% |
| 瞪羚企业整体 | 6.4 | 10.2 | 431 | 6641 | 7.0% | 10.8% | 3490.8 | 32.4% |

### （三）创新型科技园区瞪羚企业分布

创新型科技园区共有瞪羚企业596家，其中，广州高新区瞪羚企业数量最多，共116家，厦门、天津、长沙、合肥、苏州高新区瞪羚企业数量超过40家。各园区瞪羚企业数量如表2-32所示。

表2-32　2017年创新型科技园区瞪羚企业数量

| 创新型科技园区 | 瞪羚企业数量（家） |
|---|---|
| 广州 | 116 |
| 厦门 | 60 |
| 天津 | 48 |
| 长沙 | 45 |
| 合肥 | 42 |
| 苏州 | 42 |
| 济南 | 38 |
| 郑州 | 37 |
| 无锡 | 30 |
| 常州 | 28 |
| 宁波 | 28 |
| 青岛 | 22 |
| 长春 | 14 |
| 中山 | 12 |
| 潍坊 | 10 |
| 淄博 | 8 |
| 宝鸡 | 5 |
| 洛阳 | 5 |
| 威海 | 5 |
| 大庆 | 1 |
| 总计 | 596 |

2017年，全国20家创新型科技园区瞪羚企业的平均营业收入、平均总资产、平均从业人员数量等经济指标情况如表2-33所示。

表2-33　2017年创新型科技园区瞪羚企业经济指标

| 创新型科技园区 | 平均营业收入（亿元） | 平均总资产（亿元） | 平均从业人员数量（人） | 平均出口总额（万元） | 科技活动投入强度 | 净利润率 | 平均实际上缴税费（万元） | 科技活动人员占比 |
|---|---|---|---|---|---|---|---|---|
| 广州 | 4.2 | 4.2 | 290 | 2021 | 11.1% | 14.6% | 2304.2 | 36.0% |

续表

| 创新型科技园区 | 平均营业收入（亿元） | 平均总资产（亿元） | 平均从业人员数量（人） | 平均出口总额（万元） | 科技活动投入强度 | 净利润率 | 平均实际上缴税费（万元） | 科技活动人员占比 |
|---|---|---|---|---|---|---|---|---|
| 厦门 | 6.3 | 9.7 | 518 | 13 471 | 9.7% | 9.4% | 2205.6 | 25.3% |
| 天津 | 8.6 | 10.8 | 262 | 6412 | 8.8% | 8.0% | 3930.0 | 33.9% |
| 长沙 | 12.3 | 19.5 | 1821 | 54 139 | 6.8% | 14.3% | 5147.6 | 31.1% |
| 合肥 | 13.7 | 18.8 | 670 | 20 888 | 10.1% | 14.2% | 8846.2 | 33.3% |
| 苏州 | 4.0 | 4.1 | 296 | 6476 | 9.7% | 9.2% | 1429.9 | 28.4% |
| 济南 | 3.4 | 3.5 | 304 | 2204 | 11.3% | 9.7% | 1469.8 | 31.8% |
| 郑州 | 5.0 | 6.6 | 421 | 2292 | 8.2% | 14.4% | 2566.9 | 24.3% |
| 无锡 | 3.5 | 3.6 | 210 | 2523 | 10.0% | 10.3% | 1059.2 | 34.9% |
| 常州 | 5.0 | 4.9 | 238 | 10 011 | 6.4% | 11.4% | 3338.5 | 24.6% |
| 宁波 | 10.2 | 7.8 | 435 | 17 297 | 8.1% | 8.9% | 2598.6 | 26.0% |
| 青岛 | 4.1 | 7.7 | 287 | 2069 | 6.5% | 10.7% | 2588.9 | 29.8% |
| 长春 | 2.8 | 2.1 | 157 | 596 | 10.0% | 23.4% | 4752.6 | 29.5% |
| 中山 | 1.4 | 2.1 | 335 | 1610 | 21.3% | −7.4% | 747.5 | 16.0% |
| 潍坊 | 3.9 | 3.1 | 221 | 72 | 7.0% | 7.0% | 1501.0 | 22.3% |
| 淄博 | 4.7 | 4.0 | 237 | 1458 | 6.2% | 7.8% | 3406.8 | 33.0% |
| 宝鸡 | 13.9 | 12.6 | 1412 | 10 626 | 6.7% | 6.1% | 1905.4 | 18.9% |
| 洛阳 | 1.2 | 2.2 | 224 | 193 | 7.8% | 10.4% | 602.4 | 28.3% |
| 威海 | 3.1 | 3.4 | 488 | 2634 | 6.6% | 10.9% | 1612.1 | 17.4% |
| 大庆 | 0.2 | 0.1 | 267 | 0 | — | 1.6% | 103.0 | 0 |
| 瞪羚企业整体 | 6.4 | 10.2 | 431 | 6641 | 7.00% | 10.8% | 3490.8 | 32.4% |

## （四）创新型特色园区瞪羚企业分布

创新型特色园区共有瞪羚企业271家，其中，南京高新区瞪羚企业数量最多，共38家，之后是襄阳高新区32家，佛山高新区21家。各园区瞪羚企业数量如表2-34所示。

表2-34　2017年创新型特色园区瞪羚企业数量

| 创新型特色园区 | 瞪羚企业数量（家） |
| --- | --- |
| 南京[①] | 38 |
| 襄阳 | 32 |
| 佛山 | 21 |
| 江门 | 18 |
| 大连 | 17 |
| 惠州 | 17 |
| 荆门 | 17 |
| 石家庄 | 13 |
| 南宁 | 12 |
| 武进 | 12 |
| 株洲 | 11 |
| 蚌埠 | 10 |
| 柳州 | 9 |
| 宜昌 | 7 |
| 保定 | 6 |
| 桂林 | 6 |
| 包头 | 5 |
| 江阴 | 5 |
| 乌鲁木齐 | 5 |
| 昆明 | 4 |
| 湘潭 | 3 |
| 烟台 | 3 |
| 合计 | 271 |

2017年，全国22家创新型特色园区瞪羚企业的平均营业收入、平均总资产、平均从业人员数量等经济指标情况如表2-35所示。

---

① 由于无江宁园区数据，因而扩大使用南京高新区数据。

表2-35  2017年创新型特色园区瞪羚企业经济指标

| 创新型特色园区 | 平均营业收入（亿元） | 平均总资产（亿元） | 平均从业人员数量（人） | 平均出口总额（万元） | 科技活动投入强度 | 净利润率 | 平均实际上缴税费（万元） | 科技活动人员占比 |
|---|---|---|---|---|---|---|---|---|
| 南京 | 7.1 | 18.3 | 688 | 10 326 | 10.5% | 11.0% | 4236.9 | 41.7% |
| 襄阳 | 6.8 | 3.7 | 407 | 1934 | 4.3% | 6.2% | 3901.9 | 18.0% |
| 佛山 | 5.6 | 4.1 | 361 | 11 024 | 4.9% | 4.5% | 2695.9 | 32.2% |
| 江门 | 10.5 | 7.1 | 780 | 51 770 | 3.5% | 5.3% | 3259.5 | 14.0% |
| 大连 | 7.0 | 6.1 | 327 | 4237 | 12.9% | -5.7% | 1435.1 | 33.9% |
| 惠州 | 8.5 | 7.7 | 832 | 12 675 | 4.5% | -1.5% | 1217.3 | 17.9% |
| 荆门 | 2.5 | 2.0 | 216 | 1444 | 5.0% | 9.5% | 471.0 | 15.9% |
| 石家庄 | 1.3 | 2.4 | 178 | 330 | 9.3% | 13.9% | 971.7 | 31.9% |
| 南宁 | 3.1 | 2.7 | 167 | 20 | 4.5% | 10.7% | 813.8 | 16.8% |
| 武进 | 7.2 | 9.4 | 594 | 5538 | 4.7% | 6.2% | 3389.5 | 13.9% |
| 株洲 | 5.3 | 5.0 | 454 | 5341 | 5.2% | 13.7% | 3910.8 | 23.5% |
| 蚌埠 | 6.6 | 5.7 | 251 | 2148 | 3.3% | 7.1% | 1826.6 | 13.0% |
| 柳州 | 1.8 | 1.8 | 222 | 419 | 9.6% | 9.7% | 631.3 | 23.8% |
| 宜昌 | 6.9 | 10.1 | 843 | 22 341 | 5.5% | 5.6% | 1146.2 | 9.6% |
| 保定 | 4.1 | 3.4 | 356 | 551 | 6.5% | 7.1% | 1433.9 | 15.0% |
| 桂林 | 1.8 | 1.9 | 246 | 2364 | 8.0% | 24.1% | 1983.8 | 40.6% |
| 包头 | 3.7 | 4.9 | 438 | 83 | 4.6% | 12.9% | 1818.3 | 21.5% |
| 江阴 | 4.7 | 3.3 | 213 | 316 | 11.0% | 17.6% | 1689.2 | 23.6% |
| 乌鲁木齐 | 5.7 | 12.5 | 759 | 8971 | 3.3% | 10.5% | 2265.8 | 24.4% |
| 昆明 | 4.5 | 12.0 | 543 | 0 | 7.2% | -3.9% | 4312.2 | 29.2% |
| 湘潭 | 4.1 | 8.8 | 453 | 953 | 3.5% | 10.0% | -168.5 | 10.3% |
| 烟台 | 1.8 | 3.4 | 181 | 0 | 3.8% | 4.6% | 922.9 | 24.2% |
| 瞪羚企业整体 | 6.4 | 10.2 | 431 | 6641 | 7.00% | 10.8% | 3490.8 | 32.4% |

### （五）其他园区瞪羚企业分布

全国89个拥有瞪羚企业的其他园区共有瞪羚企业527家，其中，重庆高新区瞪羚企业数量最多，共33家，之后是昆山高新区30家，珠海高新区30家。各园区瞪羚企业数量如表2-36所示。

表2-36　2017年其他园区瞪羚企业数量

| 园区 | 瞪羚企业数量（家） | 园区 | 瞪羚企业数量（家） | 园区 | 瞪羚企业数量（家） |
|---|---|---|---|---|---|
| 重庆 | 33 | 绵阳 | 6 | 莆田 | 2 |
| 昆山 | 30 | 泰州 | 6 | 随州 | 2 |
| 珠海 | 30 | 燕郊 | 6 | 铜陵狮子山 | 2 |
| 东莞 | 27 | 常德 | 5 | 渭南 | 2 |
| 芜湖 | 22 | 锦州 | 5 | 新乡 | 2 |
| 南通 | 20 | 兰州 | 5 | 宿迁 | 2 |
| 新余 | 19 | 盐城 | 5 | 徐州 | 2 |
| 益阳 | 16 | 抚州 | 4 | 漳州 | 2 |
| 南昌 | 14 | 清远 | 4 | 长春净月 | 2 |
| 太原 | 14 | 温州 | 4 | 安顺 | 1 |
| 福州 | 13 | 营口 | 4 | 鞍山 | 1 |
| 上海紫竹 | 11 | 唐山 | 3 | 郴州 | 1 |
| 泰安 | 11 | 仙桃 | 3 | 德阳 | 1 |
| 哈尔滨 | 10 | 咸阳 | 3 | 鄂尔多斯 | 1 |
| 衢州 | 10 | 枣庄 | 3 | 吉安 | 1 |
| 贵阳 | 9 | 自贡 | 3 | 焦作 | 1 |
| 镇江 | 9 | 白银 | 2 | 乐山 | 1 |
| 常熟 | 8 | 北海 | 2 | 辽阳 | 1 |
| 莫干山 | 8 | 璧山 | 2 | 平顶山 | 1 |
| 泉州 | 8 | 昌吉 | 2 | 三明 | 1 |
| 沈阳 | 8 | 赣州 | 2 | 汕头 | 1 |
| 萧山临江 | 8 | 衡阳 | 2 | 石河子 | 1 |
| 海口 | 7 | 淮安 | 2 | 石嘴山 | 1 |
| 连云港 | 7 | 黄冈 | 2 | 通化 | 1 |
| 咸宁 | 7 | 景德镇 | 2 | 杨凌 | 1 |
| 孝感 | 7 | 临沂 | 2 | 银川 | 1 |
| 扬州 | 7 | 龙岩 | 2 | 鹰潭 | 1 |
| 肇庆 | 7 | 玉溪 | 1 | 马鞍山慈湖 | 2 |
| 济宁 | 6 | 南阳 | 2 | 源城 | 1 |
| 嘉兴 | 6 | 攀枝花 | 2 | | |

## （六）国家自主创新示范区瞪羚企业分布

2017年，瞪羚企业有2363家分布于47个国家自主创新示范区所在高新区内，占瞪羚企业总数的82.7%，其余494家分布于92个非国家自主创新示范区所在的高新区，占瞪羚企业总数的17.3%。国家自主创新示范区瞪羚企业数量如图2-13和表2-37所示。

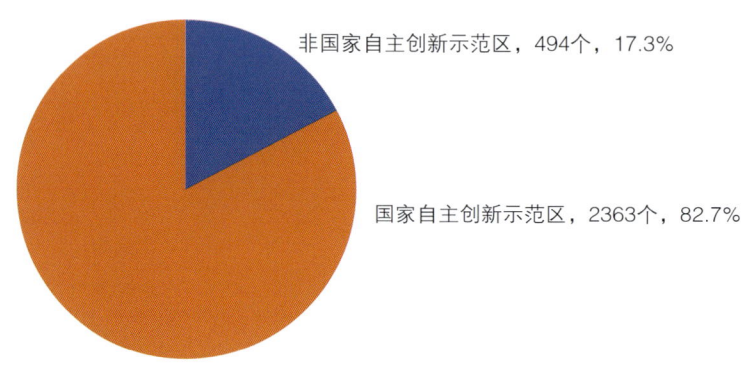

图2-13　2017年国家自主创新示范区瞪羚企业数量

表2-37　2017年国家自主创新示范区瞪羚企业数量

| 国家自主创新示范区 | 瞪羚企业数量（家） | 国家自主创新示范区 | 瞪羚企业数量（家） |
| --- | --- | --- | --- |
| 中关村 | 661 | 郑州 | 37 |
| 上海张江 | 296 | 重庆 | 33 |
| 深圳 | 123 | 昆山 | 30 |
| 广州 | 116 | 无锡 | 30 |
| 苏州工业园 | 100 | 珠海 | 30 |
| 杭州 | 85 | 常州 | 28 |
| 武汉东湖 | 85 | 东莞 | 27 |
| 成都 | 60 | 青岛 | 22 |
| 厦门 | 60 | 芜湖 | 22 |
| 西安 | 53 | 佛山 | 21 |
| 天津 | 48 | 江门 | 18 |
| 长沙 | 45 | 大连 | 17 |
| 合肥 | 42 | 惠州 | 17 |
| 苏州 | 42 | 福州 | 13 |
| 济南 | 38 | 武进 | 12 |
| 南京 | 38 | 中山 | 12 |

续表

| 国家自主创新示范区 | 瞪羚企业数量（家） | 国家自主创新示范区 | 瞪羚企业数量（家） |
|---|---|---|---|
| 株洲 | 11 | 肇庆 | 7 |
| 蚌埠 | 10 | 江阴 | 5 |
| 潍坊 | 10 | 洛阳 | 5 |
| 镇江 | 9 | 威海 | 5 |
| 泉州 | 8 | 湘潭 | 3 |
| 沈阳 | 8 | 烟台 | 3 |
| 萧山临江 | 8 | 新乡 | 2 |
| 淄博 | 8 | | |

2017年，国家自主创新示范区瞪羚企业的平均营业收入、平均总资产、平均从业人员数量等经济指标情况如表2-38所示。

表2-38 2017年国家自主创新示范区瞪羚企业经济指标

| 国家自主创新示范区 | 平均营业收入（亿元） | 平均总资产（亿元） | 平均从业人员数量（人） | 平均出口总额（万元） | 科技活动投入强度 | 净利润率 | 平均实际上缴税费（万元） | 科技活动人员占比 |
|---|---|---|---|---|---|---|---|---|
| 中关村 | 5.8 | 8.4 | 430 | 897.2 | 12.7% | 11.3% | 3296.8 | 14.0% |
| 上海张江 | 5.8 | 9.6 | 281 | 3142.2 | 9.6% | 11.9% | 2758.0 | 21.1% |
| 深圳 | 6.6 | 49.2 | 349 | 5958.9 | 11.5% | 11.4% | 4950.2 | 15.1% |
| 广州 | 4.2 | 4.2 | 290 | 2021.2 | 11.1% | 14.6% | 2304.2 | 8.0% |
| 苏州工业园 | 2.8 | 3.4 | 159 | 6724.8 | 13.5% | 9.2% | 1566.0 | 13.0% |
| 杭州 | 16.5 | 17.1 | 557 | 1622.5 | 14.7% | 12.1% | 9626.3 | 27.2% |
| 武汉东湖 | 5.6 | 10.1 | 530 | 8108.2 | 8.7% | 11.4% | 3591.3 | 29.2% |
| 成都 | 7.8 | 14.6 | 408 | 7196.3 | 9.8% | 13.6% | 7546.7 | 21.5% |
| 厦门 | 6.3 | 9.7 | 518 | 13 470.6 | 9.7% | 9.4% | 2205.6 | 15.3% |
| 西安 | 6.0 | 5.9 | 724 | 13 105.5 | 15.5% | 12.1% | 6093.0 | 12.9% |
| 天津 | 8.6 | 10.8 | 262 | 6412.1 | 8.8% | 8.0% | 3930.0 | 24.7% |
| 长沙 | 12.3 | 19.5 | 1821 | 54 139.1 | 6.8% | 14.3% | 5147.6 | 19.2% |

续表

| 国家自主创新示范区 | 平均营业收入（亿元） | 平均总资产（亿元） | 平均从业人员数量（人） | 平均出口总额（万元） | 科技活动投入强度 | 净利润率 | 平均实际上缴税费（万元） | 科技活动人员占比 |
|---|---|---|---|---|---|---|---|---|
| 合肥 | 13.7 | 18.8 | 670 | 20 887.9 | 10.1% | 14.2% | 8846.2 | 17.2% |
| 苏州 | 4.0 | 4.1 | 296 | 6475.8 | 9.7% | 9.2% | 1429.9 | 10.9% |
| 济南 | 3.4 | 3.5 | 304 | 2204.0 | 11.3% | 9.7% | 1469.8 | 0.0% |
| 南京 | 7.1 | 18.3 | 688 | 10 325.7 | 10.5% | 11.0% | 4236.9 | 19.4% |
| 郑州 | 5.0 | 6.6 | 421 | 2291.6 | 8.2% | 14.4% | 2566.9 | 11.2% |
| 重庆 | 9.8 | 14.3 | 458 | 48 570.0 | 6.2% | 11.3% | 7058.9 | 12.8% |
| 昆山 | 7.4 | 5.3 | 386 | 8077.4 | 5.3% | 6.1% | 3928.5 | 12.0% |
| 无锡 | 3.5 | 3.6 | 210 | 2523.3 | 10.0% | 10.3% | 1059.2 | 15.9% |
| 珠海 | 5.1 | 6.0 | 445 | 9485.1 | 9.3% | 15.4% | 3242.8 | 33.6% |
| 常州 | 5.0 | 4.9 | 238 | 10 010.8 | 6.4% | 11.4% | 3338.5 | 20.9% |
| 东莞 | 6.5 | 7.1 | 994 | 11 690.7 | 7.9% | 9.3% | 3272.1 | 15.0% |
| 青岛 | 4.1 | 7.7 | 287 | 2068.7 | 6.5% | 10.7% | 2588.9 | 40.6% |
| 芜湖 | 14.2 | 22.1 | 827 | 5767.4 | 5.3% | 7.2% | 7487.6 | 19.2% |
| 佛山 | 5.6 | 4.1 | 361 | 11 024.0 | 4.9% | 4.5% | 2695.9 | 7.0% |
| 江门 | 10.5 | 7.1 | 780 | 51 769.5 | 3.5% | 5.3% | 3259.5 | 15.7% |
| 大连 | 7.0 | 6.1 | 327 | 4237.1 | 12.9% | −5.7% | 1435.1 | 18.9% |
| 惠州 | 8.5 | 7.7 | 832 | 12 674.6 | 4.5% | −1.5% | 1217.3 | 10.6% |
| 福州 | 4.0 | 5.0 | 312 | 3036.3 | 6.2% | 14.8% | 1462.5 | 13.9% |
| 武进 | 7.2 | 9.4 | 594 | 5537.5 | 4.7% | 6.2% | 3389.5 | 20.0% |
| 中山 | 1.4 | 2.1 | 335 | 1610.4 | 21.3% | −7.4% | 747.5 | 16.8% |
| 株洲 | 5.3 | 5.0 | 454 | 5340.8 | 5.2% | 13.7% | 3910.8 | 26.0% |
| 蚌埠 | 6.6 | 5.7 | 251 | 2148.3 | 3.3% | 7.1% | 1826.6 | 22.5% |
| 潍坊 | 3.9 | 3.1 | 221 | 72.0 | 7.0% | 7.0% | 1501.0 | 11.9% |
| 镇江 | 9.3 | 15.2 | 470 | 10 148.4 | 4.9% | 10.4% | 4986.4 | 40.7% |
| 泉州 | 2.7 | 2.9 | 415 | 2388.1 | 6.8% | 5.3% | 786.5 | 34.0% |
| 沈阳 | 5.5 | 6.3 | 357 | 3139.7 | 10.3% | 10.3% | 1745.5 | 34.7% |
| 萧山临江 | 18.3 | 10.2 | 716 | 908.4 | 4.9% | 3.1% | 1036.9 | 0.0% |
| 淄博 | 4.7 | 4.0 | 237 | 1458.0 | 6.2% | 7.8% | 3406.8 | 0.0% |

续表

| 国家自主创新示范区 | 平均营业收入（亿元） | 平均总资产（亿元） | 平均从业人员数量（人） | 平均出口总额（万元） | 科技活动投入强度 | 净利润率 | 平均实际上缴税费（万元） | 科技活动人员占比 |
|---|---|---|---|---|---|---|---|---|
| 肇庆 | 3.8 | 3.5 | 499 | 8570.5 | 5.5% | 1.7% | 1656.2 | 36.5% |
| 江阴 | 4.7 | 3.3 | 213 | 315.6 | 11.0% | 17.6% | 1689.2 | 39.2% |
| 洛阳 | 1.2 | 2.2 | 224 | 193.4 | 7.8% | 10.4% | 602.4 | 14.5% |
| 威海 | 3.1 | 3.4 | 488 | 2633.6 | 6.6% | 10.9% | 1612.1 | 14.6% |
| 湘潭 | 4.1 | 8.8 | 453 | 953.3 | 3.5% | 10.0% | −168.5 | 25.0% |
| 烟台 | 1.8 | 3.4 | 181 | 0.0 | 3.8% | 4.6% | 922.9 | 23.8% |
| 新乡 | 1.7 | 4.4 | 375 | 220.8 | 13.1% | −3.3% | 887.9 | 10.4% |
| 瞪羚企业整体 | 6.4 | 10.2 | 431 | 6641 | 7.00% | 10.8% | 3490.8 | 32.4% |

在对瞪羚企业群体特征分析的基础上，本章以遴选出的2857家瞪羚企业为主体，重点从科技创新投入与产出，高质量、高效率发展及海外布局等方面进行分析。

# 一、瞪羚企业创新投入日趋活跃

## （一）瞪羚企业科技活动投入增长加快

2857家瞪羚企业创新要素投入活跃。科技活动投入强度6.98%，内部研发投入强度3.47%，科技活动人员占比32.38%。近五成的瞪羚企业设置了科技机构，瞪羚企业创新要素投入逐年增长。

2017年，2857家瞪羚企业科技活动投入资金平均为4489.37万元，科技活动投入强度为6.98%。80.96%的瞪羚企业科技活动投入资金分布在100万～5000万元，其中，24.43%分布在100万～500万元，共698家（表3-1）。

表3-1　2017年瞪羚企业科技活动投入资金分布

| 科技活动投入资金（元） | 瞪羚企业数量（家） | 占比 |
| --- | --- | --- |
| 大于2亿 | 97 | 3.40% |
| 1亿～2亿 | 103 | 3.61% |
| 5000万～1亿 | 170 | 5.95% |

续表

| 科技活动投入资金（元） | 瞪羚企业数量（家） | 占比 |
|---|---|---|
| 2000万~5000万 | 460 | 16.10% |
| 1000万~2000万 | 532 | 18.62% |
| 500万~1000万 | 623 | 21.81% |
| 100万~500万 | 698 | 24.43% |
| 100万以下 | 36 | 1.26% |
| 0 | 138 | 4.83% |
| 合计 | 2857 | 100.00% |

2017年，83.58%的瞪羚企业科技活动投入强度集中分布在2.5%~30%，其中30.42%分布在2.5%~5%，共869家（表3-2）。

表3-2　2017年瞪羚企业科技活动投入强度分布

| 科技活动投入强度 | 瞪羚企业数量（家） | 占比 |
|---|---|---|
| 30%以上 | 141 | 4.94% |
| 10%~30% | 617 | 21.60% |
| 7.5%~10% | 323 | 11.31% |
| 5%~7.5% | 579 | 20.27% |
| 2.5%~5% | 869 | 30.42% |
| 0~2.5% | 190 | 6.65% |
| 0 | 138 | 4.83% |
| 合计 | 2857 | 100.00% |

以4年（2014—2017年）数据齐全的1459家瞪羚企业为样本进行分析，发现瞪羚企业群体2014—2017年科技活动投入经费逐年增加，科技活动投入资金由2014年的250.9亿元快速增长到2017年的537.5亿元，2017年同比增长21.6%，近三年复合增长率为28.9%（图3-1）。

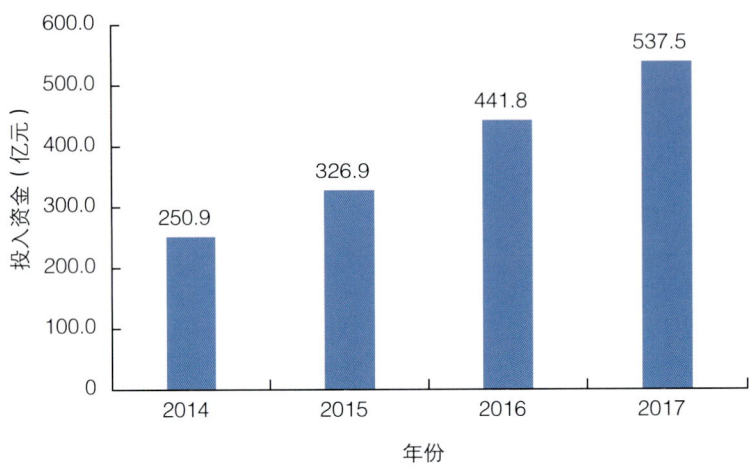

图3-1　2014—2017年科技活动投入资金

### （二）瞪羚企业内部研发投入近三年复合增长率达 24%

2017年，2857家瞪羚企业R&D经费内部投入为637.67亿元，平均R&D经费内部投入资金为2231.96万元，平均R&D经费内部投入强度为3.47%。R&D经费内部投入集中分布在100万～5000万元，占比高达53.48%（表3-3）。

表3-3　2017年研发经费内部投入分布情况

| 研发经费内部投入（元） | 瞪羚企业数量（家） | 占比 |
| --- | --- | --- |
| 大于2亿 | 53 | 1.86% |
| 1亿～2亿 | 50 | 1.75% |
| 5000万～1亿 | 97 | 3.40% |
| 2000万～5000万 | 264 | 9.24% |
| 1000万～2000万 | 304 | 10.64% |
| 500万～1000万 | 402 | 14.07% |
| 100万～500万 | 558 | 19.53% |
| 100万以下 | 124 | 4.34% |
| 0 | 1005 | 35.18% |
| 合计 | 2857 | 100.00% |

瞪羚企业注重研发经费投入[①]。瞪羚企业内部用于科技活动的非政府经费投入由2014年的238.9亿元增长到2017年的528.5亿元，2017年同比增长23.1%，三年复合增长率达到30.3%。2017年，按R&D人员（折合全时当量）计算的人均经费由2014年的35.6万元增长到2017年的41.3万元，三年复合增长率为5.1%。

瞪羚企业R&D经费内部投入由2014年的108.1亿元增长到2017年的257.6亿元，2017年同比增长22.2%，近三年复合增长率达到33.6%（图3-2）。

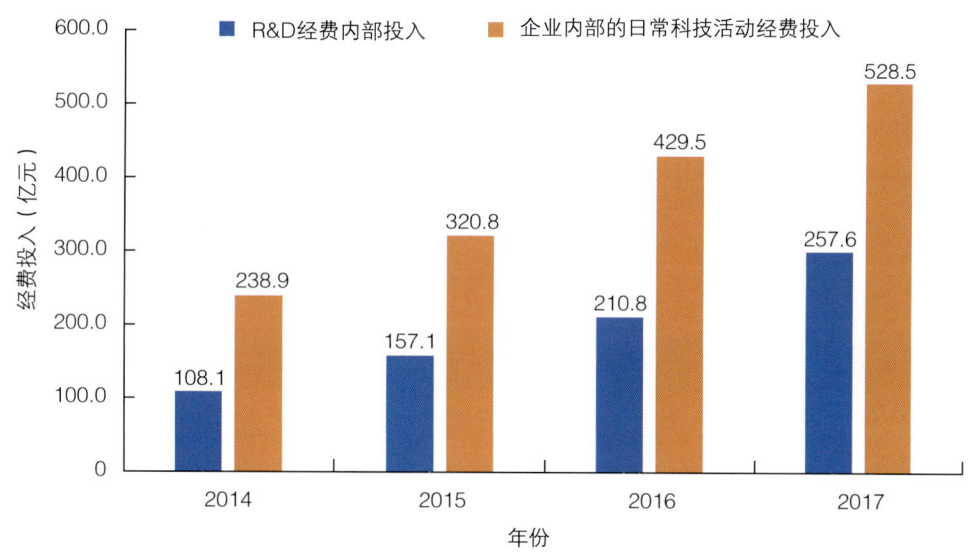

图3-2　2014—2017年企业研发经费投入

### （三）瞪羚企业产学研合作支出近三年复合增长率达62%

瞪羚企业科技活动经费投入除用于自主研发之外，其余部分用于与境内外研究机构、高校及企业的产学研合作支出（即委托外单位开展科技活动支出）。2857家瞪羚企业2017年与外单位开展产学研合作支出达112.27亿元，占科技活动总投入的8.75%，其中，72%用于对境内企业的支出，金额达到81.27亿元（图3-3）。

---

① 以4年（2014—2017年）数据齐全的1459家瞪羚企业为样本进行分析。

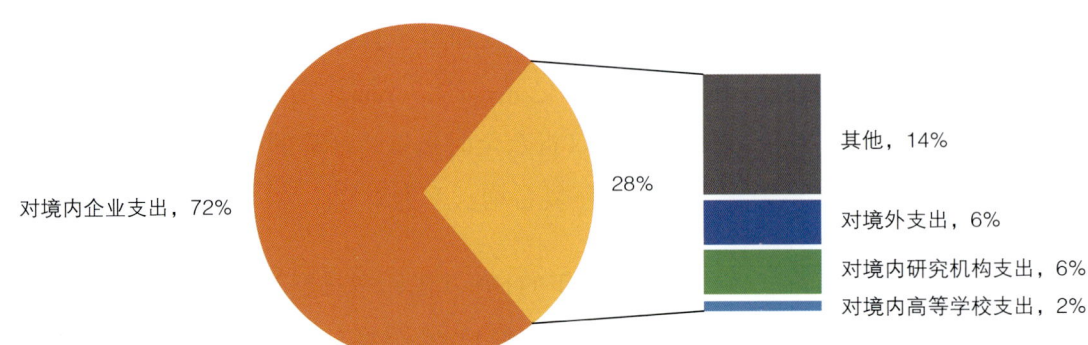

图3-3 2017年瞪羚企业委托外单位开展科技活动支出

产学研支出增速加快①。瞪羚企业委托外单位开展科技活动支出由2014年的10.7亿元增长到2017年的45.5亿元，2017年同比增长38.67%，三年复合增长率为62%，其中，2017年对境外的支出为4.4亿元，三年复合增长率为35.05%（表3-4）。

表3-4 2014—2017年瞪羚企业委托外单位开展科技活动支出情况

单位：亿元

| 类型 | 2014年 | 2015年 | 2016年 | 2017年 |
| --- | --- | --- | --- | --- |
| 对境内研究机构支出 | 3.5 | 9.3 | 6.2 | 4.3 |
| 对境内高等学校支出 | 0.6 | 0.8 | 1.1 | 1.0 |
| 对境外支出 | 1.8 | 2.7 | 4.3 | 4.4 |
| 对境内企业支出 | 0.0 | 0.0 | 20.3 | 35.1 |
| 其他支出 | 4.9 | 4.9 | 1.0 | 0.7 |
| 合计 | 10.7 | 17.6 | 32.8 | 45.5 |

## （四）科技活动人员规模和学历水平不断提升

### 1.科技活动人员规模不断扩大

科技活动人员支撑瞪羚企业技术创新①。2017年平均每家瞪羚企业科技活动人员139人。瞪羚企业2014—2017年科技活动人员数量逐年增加，复合增长率为20.4%，科技活动人员占比由2014年的31.9%增长到2017年的35.2%（图3-4）。

---

① 以4年（2014—2017年）数据齐全的1459家瞪羚企业为样本进行分析。

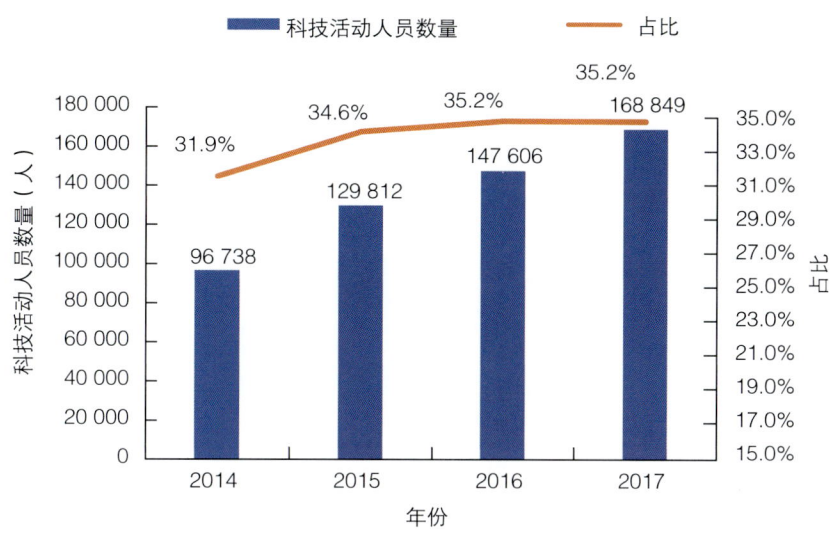

图3-4　2014—2017年科技活动人员数量及占比

## 2.R&D人员投入同比增长52.7%

2017年，2857家瞪羚企业从事R&D人员（折合全时当量）投入为15.94万人年，平均每万名从业人员贡献的R&D人员折合全时当量为1295人年。瞪羚企业2014—2017年R&D人员折合全时当量由2014年的30 413人年快速增长到2017年的62 365人年[①]，2017年同比增长52.7%，三年复合增长率为27.05%。

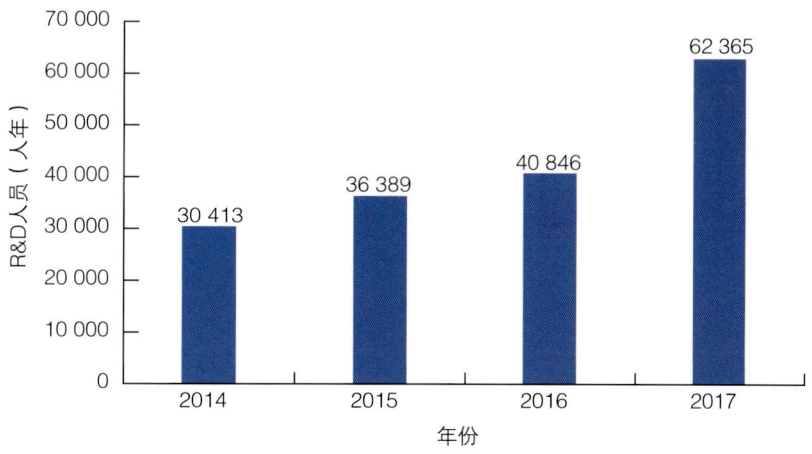

图3-5　2014—2017年R&D人员折合全时当量

---

① 以4年（2014—2017年）数据齐全的1459家瞪羚企业为样本进行分析。

### 3.从业人员学历水平逐渐提升

2017年，2857家瞪羚企业中本科学历人数最多，占比高达35.7%；研究生学历人数达13.21万人，其中，硕士12.38万人，博士0.84万人（图3-6）。

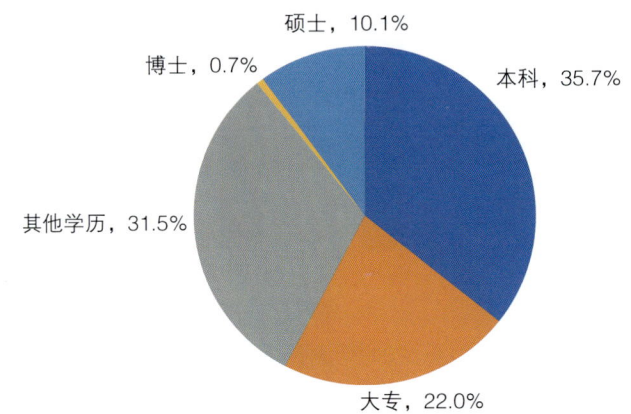

**图3-6　2017年瞪羚企业员工学历分布**

瞪羚企业员工中本科以上学历员工数量逐年增加[①]。2014—2017年瞪羚企业本科学历人员数量最多，三年复合增长率为19.36%；其次为硕士学历员工，三年复合增长率为22.62%；博士学历人数保持平稳增长（表3-5）。

**表3-5　2014—2017年员工学历构成**

单位：人

| 学历构成 | 2014年 | 2015年 | 2016年 | 2017年 |
| --- | --- | --- | --- | --- |
| 博士 | 4 015 | 3 769 | 4 386 | 4 885 |
| 硕士 | 32 709 | 43 233 | 50 530 | 60 307 |
| 本科 | 122 201 | 152 523 | 176 037 | 207 779 |
| 大专 | 70 224 | 86 230 | 97 422 | 111 063 |
| 其他 | 74 165 | 89 895 | 91 201 | 96 171 |
| 合计 | 303 314 | 375 650 | 419 576 | 480 205 |

---

① 以4年（2014—2017年）数据齐全的1459家瞪羚企业为样本进行分析。

## （五）近五成瞪羚企业设置了境内研发机构[1]

47.50%的瞪羚企业设置了境内研发机构。2017年，2857家瞪羚企业创办境内研发机构583个，共有1357家瞪羚企业设置了境内研发机构，占瞪羚企业总数的47.50%。企业办机构人员合计16.01万人，占科技活动人员总数的40.18%。境内研发机构经费投入541.78亿元，占科技活动投入的42.24%。

瞪羚企业对境内研发机构的人员和经费投入逐年增加[2]。2014—2017年瞪羚企业境内研发机构人员三年复合增长率为21.5%，境内研发机构人员数量2017年增长率为23.7%（图3-7）；境内研发机构经费投入2017年增长率为29.9%，三年复合增长率为35.5%（图3-8）。

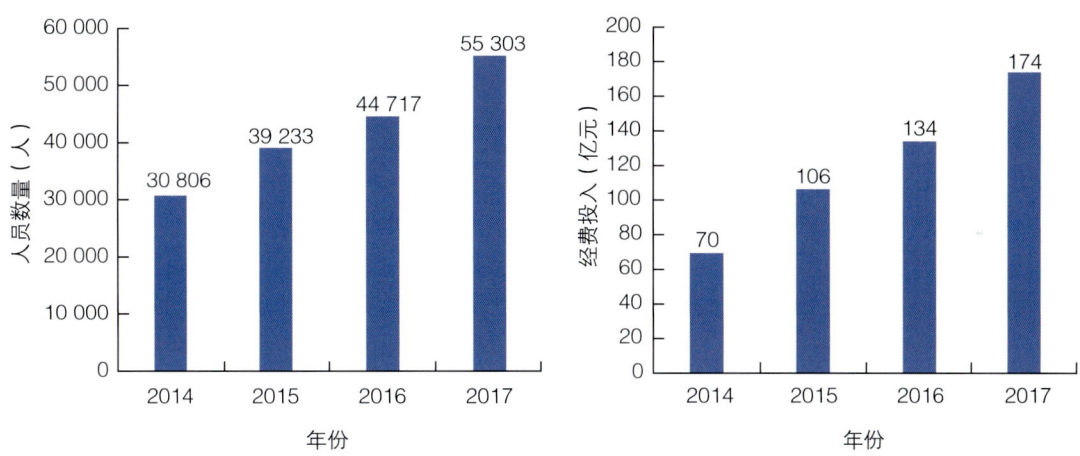

图3-7　2014—2017年境内研发机构人员数量　　图3-8　2014—2017年境内研发机构经费投入

## 二、瞪羚企业科技创新成果多样化

### （一）新产品及技术性收入逐年攀升[2]

**1. 瞪羚企业总产值中的六成来自新产品**

瞪羚企业积极推出新产品，新产品产值及销售收入不断提高。新产品产值和销售

---

[1] 境内研发机构：以科学研究为目的，以技术服务为目标，有组织、有一定规模、有固定场所，并有固定工作人员且符合一定条件的非企业性质组织。

[2] 以4年（2014—2017年）数据齐全的1459家瞪羚企业为样本进行分析。

收入2017年同比增幅分别为32.1%和31.8%。

瞪羚企业新产品的产值占瞪羚企业总产值的六成。2017年瞪羚企业新产品产值为1662亿元，占瞪羚企业总产值的56.9%；新产品销售收入为1518亿元，占瞪羚企业营业收入的20.9%，其中，新产品出口为169.1亿元，占瞪羚企业出口额的31.7%。

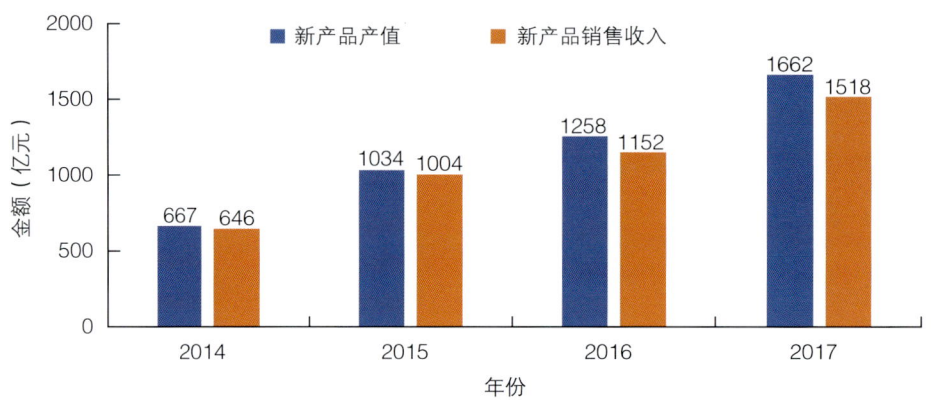

图3-9　2014—2017年新产品产值及销售收入

### 2.近八成的产品销售收入来自高新技术产品

瞪羚企业高新技术产品销售收入由2014年的1342.9亿元快速增长到2017年的2958.2亿元，2017年高新技术产品销售收入占产品销售收入的76.07%，高于国家高新区所有企业的比值50.77%，三年复合增长率为30.11%（图3-10）。

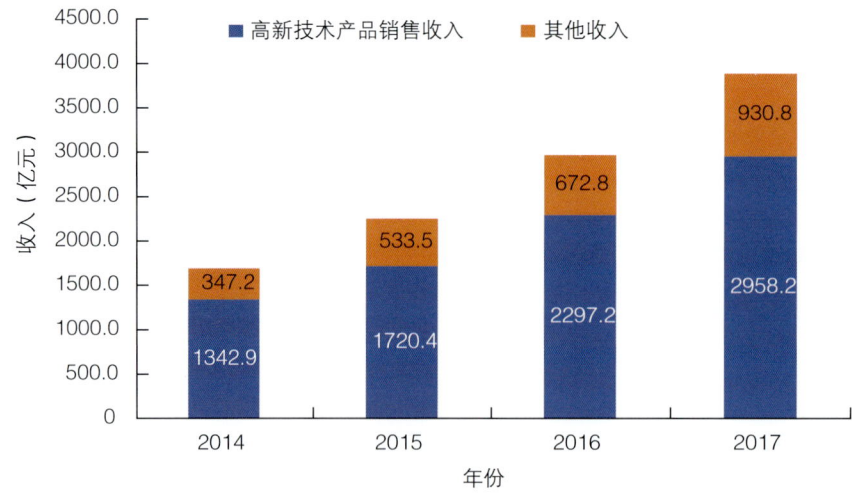

图3-10　2014—2017年产品销售收入

### 3.瞪羚企业技术收入占营业收入的近四成

瞪羚企业技术收入稳定增长。2017年瞪羚企业技术收入2658.1亿元，占营业收入的36.7%（图3-11）。其中，技术转让收入49.37亿元，技术承包收入27.36亿元，技术咨询与服务收入2338.12亿元，接受委托研究开发收入160.96亿元，其余为技术入股、中试产品收入等。2017年瞪羚企业技术收入同比增长57.8%，2014—2017年复合增长率为60.9%。

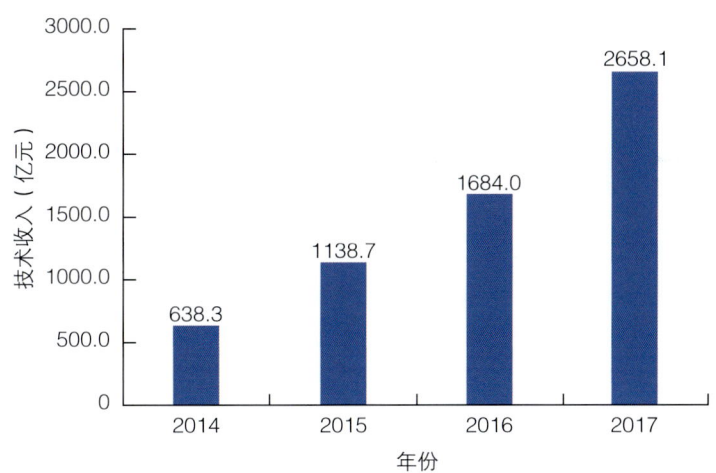

图3-11　2014—2017年瞪羚企业技术收入

## （二）瞪羚企业知识产权成果丰硕

### 1.瞪羚企业专利、注册商标等成果逐年增加

2017年，2857家瞪羚企业共有1841家企业申请专利，占瞪羚企业总数的64.44%。平均每家瞪羚企业申请专利32.39件，每万名R&D人员专利授权数为1795件；瞪羚企业2017年共申请专利数量59 635件，授权专利数量24 838件，拥有有效专利数量97 119件，专利所有权转让及许可936件。其中，申请发明专利33 747件，授权发明专利8425件，申请发明专利占全部申请专利的56.6%。

瞪羚企业拥有有效专利和有效发明专利三年复合增长率均在40%以上[①]。瞪羚企业申请专利、授权专利、拥有有效专利数量2014—2017年复合增长率分别为28.8%、

---

① 以4年（2014—2017年）数据齐全的1459家瞪羚企业为样本进行分析。

27.8%和40.7%（图3-12）。瞪羚企业申请发明专利、授权发明专利、拥有有效发明专利数量2014—2017年复合增长率分别为26.8%、28.1%和46.3%（图3-13）。

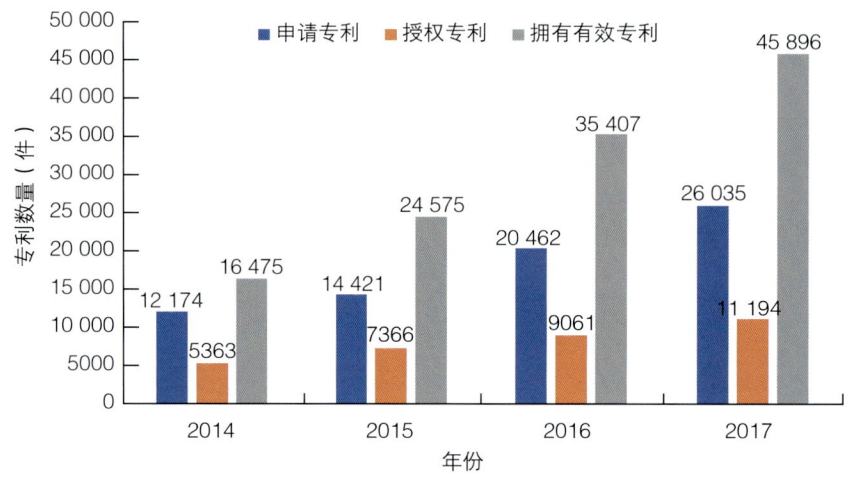

图3-12　2014—2017年瞪羚企业拥有专利情况

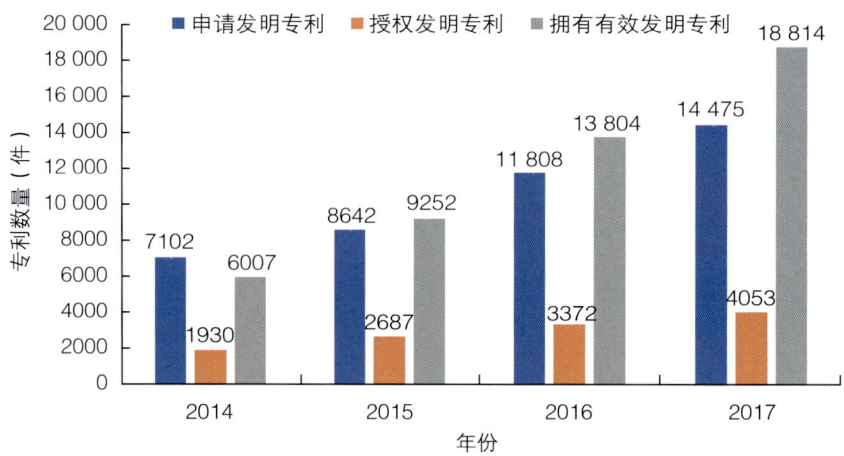

图3-13　2014—2017年瞪羚企业拥有发明专利情况

瞪羚企业积极创立自主品牌。2017年，2857家瞪羚企业拥有注册商标总数达到34 017件，每百家企业商标拥有量为1191件，是国家高新区企业平均水平的2.7倍。瞪羚企业拥有注册商标2014—2017年复合增长率为45.7%。

2017年瞪羚企业共发表科技论文1453篇，获得软件著作权23 084件，集成电路布图1051件，形成国际标准30个，形成国家或行业标准276个，当年获得国家科技奖励

7项，拥有植物新品种44种，拥有国家一类新药品种83种。瞪羚企业获得软件著作权、集成电路布图、拥有植物新品种和拥有国家一类新药品种的数量逐年增加，2014—2017年复合增长率分别为30.8%、20.8%、34.7%和25.5%[①]。各项数据如图3-14至图3-19所示。

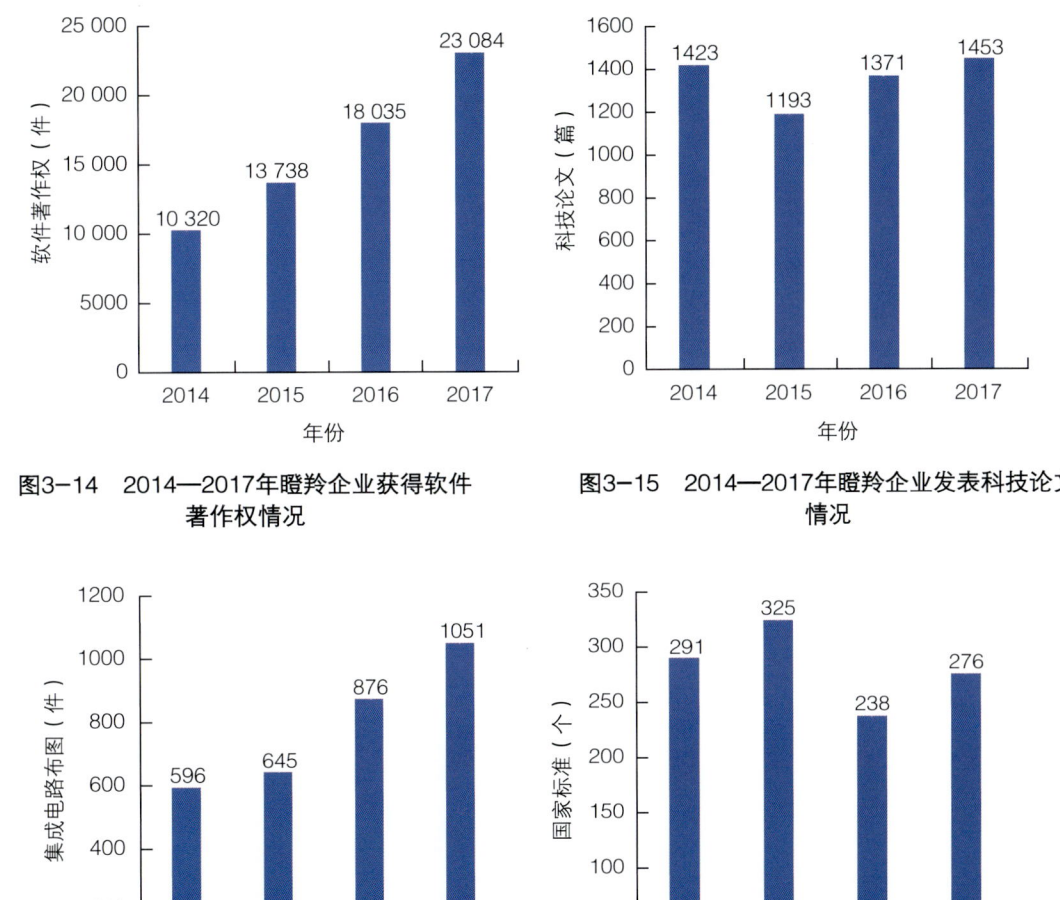

图3-14　2014—2017年瞪羚企业获得软件著作权情况

图3-15　2014—2017年瞪羚企业发表科技论文情况

图3-16　2014—2017年瞪羚企业集成电路布图情况

图3-17　2014—2017年瞪羚企业形成国家标准情况

---

① 以4年（2014—2017年）数据齐全的1459家瞪羚企业为样本进行分析。

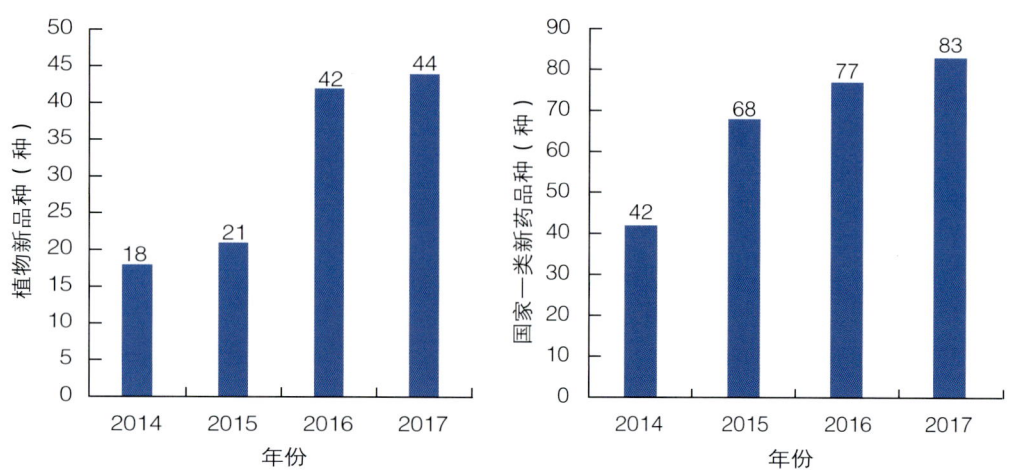

图3-18 2014—2017年瞪羚企业拥有植物新品种情况

图3-19 2014—2017年瞪羚企业拥有国家一类新药品种情况

**2.瞪羚企业境外知识产权拥有量逐年增加**[①]

2017年瞪羚企业拥有境外授权专利1831件，相较于2014年的430件，三年复合增长率高达62.1%；境外授权发明专利1393件，相较于2014年的320件，三年复合增长率高达63.3%（图3-20）。

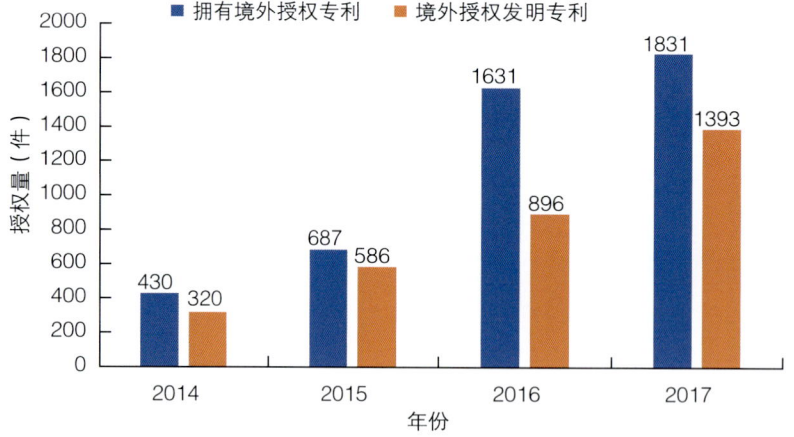

图3-20 2014—2017年瞪羚企业拥有境外专利情况

2017年瞪羚企业申请欧美日专利1184件，2017年同比增长23.5%，三年复合增

---

① 以4年（2014—2017年）数据齐全的1459家瞪羚企业为样本进行分析。

长率达49.4%；授权欧美日专利327件，2017年同比增长33.5%，三年复合增长率达33.3%；拥有欧美日专利1139件，2017年同比增长19.4%，三年复合增长率达52.4%（图3-21）。

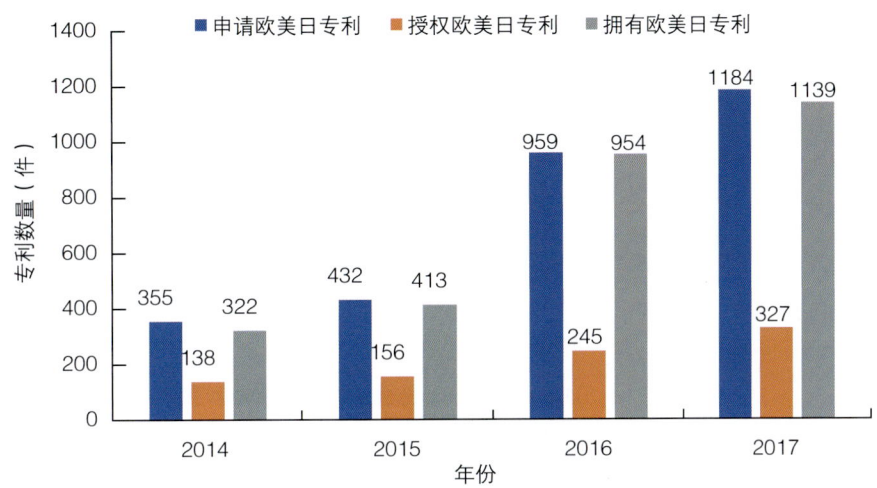

图3-21　2014—2017年瞪羚企业欧美日专利情况

## 三、瞪羚企业实现高质量高效率发展[①]

### （一）瞪羚企业经营效率不断提升

瞪羚企业人均效率、人均利润、净资产利润率持续增长。2017年瞪羚企业人均工业产值60.8万元，同比增长6.2%，2014—2017年复合增长率为3.4%；2017年人均营业收入151.0万元，同比增长23.9%，2014—2017年复合增长率为20.7%；2017年人均利润19.8万元，同比增长24.1%，2014—2017年复合增长29.9%。

---

① 以4年（2014—2017年）数据齐全的1459家瞪羚企业为样本进行分析。

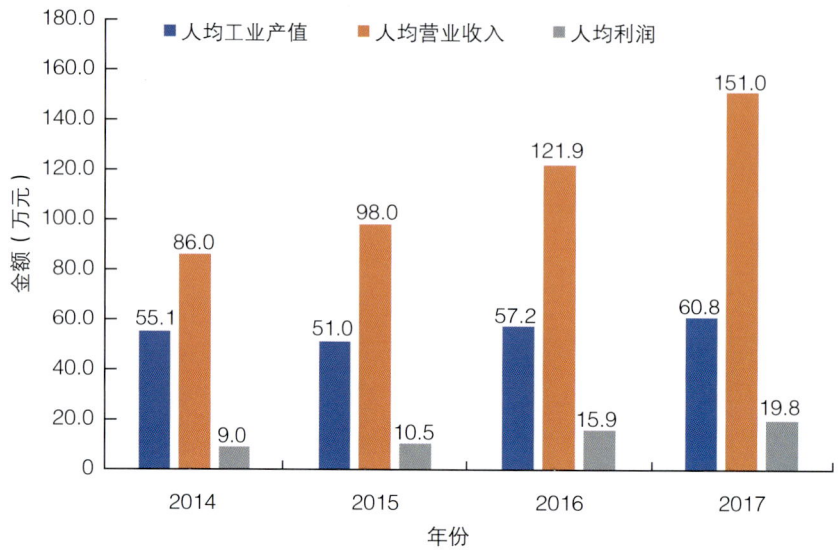

图3-22　2014—2017年瞪羚企业人均效率及利润

2014—2017年瞪羚企业净资产利润率逐年提高，由2014年的13.19%增长到2017年的20.43%，反映出瞪羚企业为投资者带来的收益逐渐增加（图3-23）。

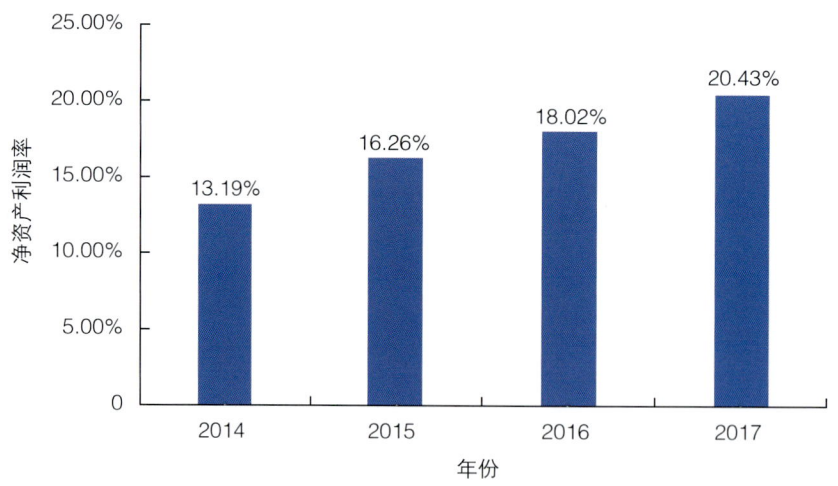

图3-23　2014—2017年瞪羚企业净资产利润率

## （二）瞪羚企业逐步向轻资产化发展

瞪羚企业资产配置呈轻资产化发展趋势，固定资产在瞪羚企业资产结构中所占比例逐年下降。2017年固定资产占比较2016年降低2.6个百分点，相较2014年降低5.1个百分点（图3-24）。

图3-24　2014—2017年瞪羚企业固定资产及占比

## 四、瞪羚企业持续布局海外市场[①]

### （一）境外分支机构数持续增加

瞪羚企业在境外设立分支机构数持续增多。近年来，瞪羚企业愈加重视国际创新合作，通过国家高新区提供的全球创新资源链接渠道，开展多元化的创新活动。境外分支机构数量充分体现了瞪羚企业国际创新合作的情况。瞪羚企业2017年设立境外营销服务机构83个，境外技术研发机构32个，境外生产制造基地10个。2014—2017年，3类境外分支机构的复合增长率分别为25.5%、38.7%和49.4%（图3-25）。其中，境外技术研发机构是瞪羚企业配置国际创新资源和推动技术革新的重要平台。

---

[①] 以4年（2014—2017年）数据齐全的1459家瞪羚企业为样本进行分析。

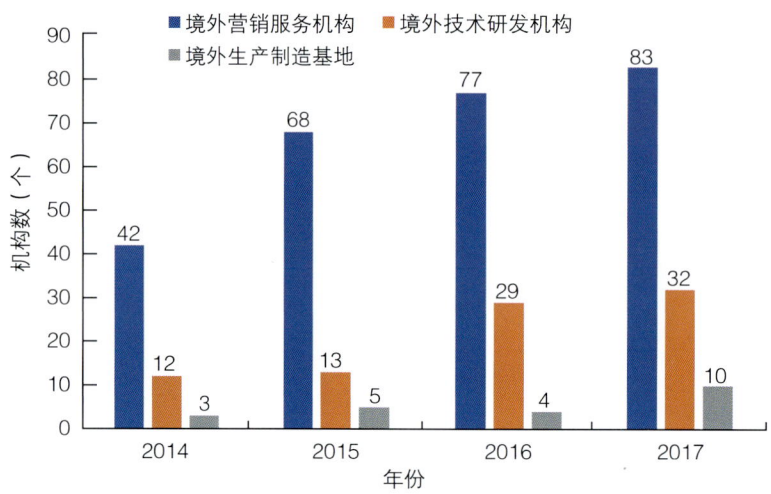

图3-25　2014—2017年瞪羚企业境外分支机构设立情况

### （二）留学归国人员持续增加

近年来，各高新区不断推行人才新政，创新创业奖励措施和人才发展体制机制，尤其是海外高层次人才的引进机制，吸引了国际人才的加入。在此背景下，瞪羚企业积极引进海外高层次人才，如留学归国人员、外籍常驻人员和外籍专家。2017年海外高层次人才占期末从业人员的比例为1.51%。其中，留学归国人员5671人，外籍常驻人员1154人，引进外籍专家425人，2014—2017年，留学归国人员复合增长率为18.6%，引进外籍专家复合增长率为4.1%，外籍常驻人员在2015年出现小幅下降，近两年呈现小幅增长趋势（图3-26）。

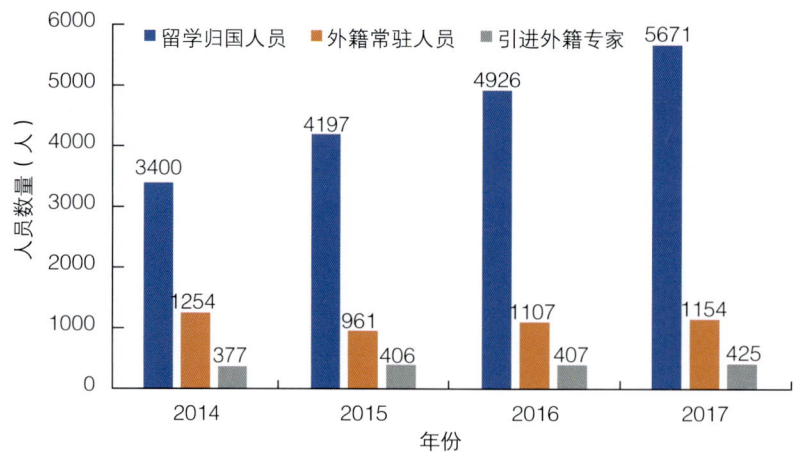

图3-26　2014—2017年瞪羚企业吸纳国际人才数量

## （三）境外知识产权拥有量逐年增加

瞪羚企业通过申请境外知识产权、参与国际标准制定，来形成具有国际影响力的创新成果，树立国际化品牌。2017年形成国际标准30个，2014—2017年复合增长率为35.7%。

2017年瞪羚企业境外授权发明专利占拥有境外授权专利数量的76.1%。拥有境外授权专利1831件，境外授权发明专利1393件，2014—2017年复合增长率分别为62.1%和63.3%（图3-27）。

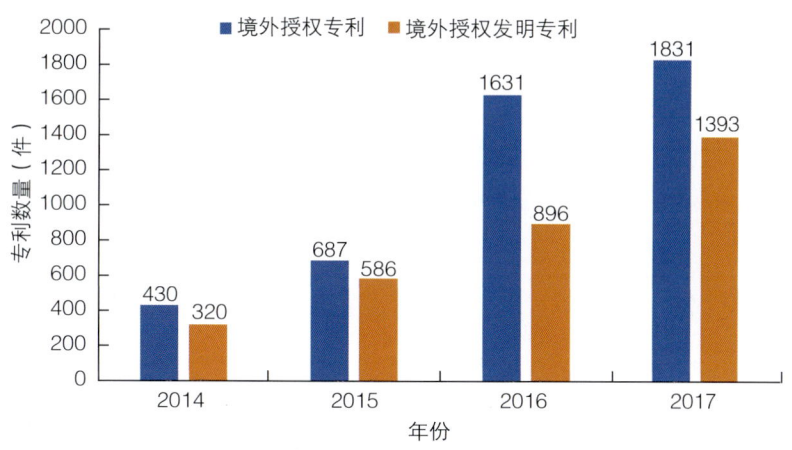

**图3-27　2014—2017年瞪羚企业拥有境外专利情况**

2017年瞪羚企业申请欧美日专利、当年授权欧美日专利和拥有欧美日专利数分别为1184件、327件、1139件，2014—2017年复合增长率分别为49.4%、33.3%和52.4%（图3-28）。

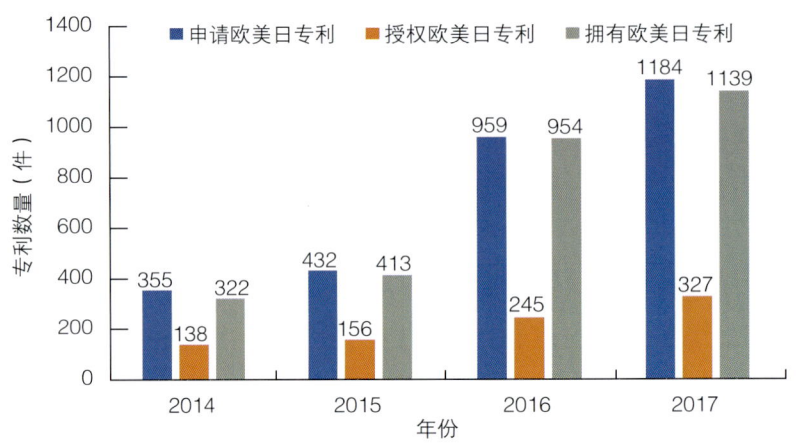

图3-28　2014—2017年瞪羚企业欧美日专利情况

瞪羚企业积极开展国际贸易。瞪羚企业积极开展国际合作，布局海外市场，开展对境外的投资。2016年国家高新区瞪羚企业对境外直接投资额突破20亿元，2017年实现对境外直接投资36.9亿元，同比增长38.9%，2014—2017年复合增长率为41.6%（图3-29）。

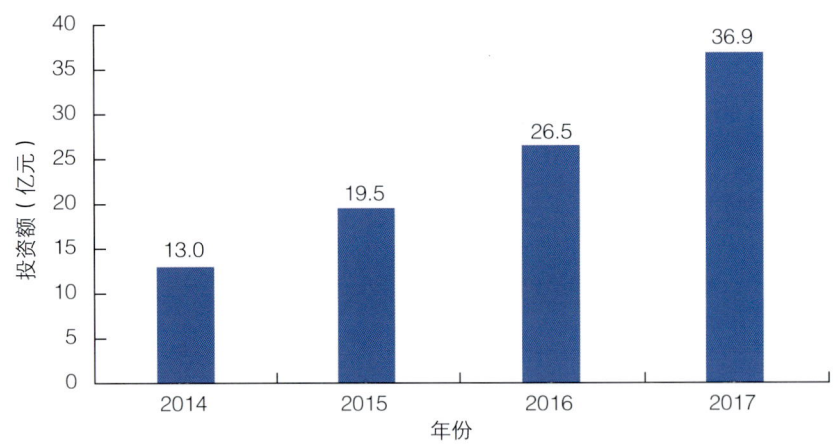

图3-29　2014—2017年瞪羚企业对境外直接投资额

瞪羚企业进出口规模持续增长，2017年出口总额占进出口总额的60.3%。2017年瞪羚企业进出口总额为884.9亿元，同比增长35.9%，2014—2017年复合增长率为27.0%；出口总额为533.6亿元，同比增长39.1%，2014—2017年复合增长率为20.2%，呈现快速增长的趋势（图3-30）。

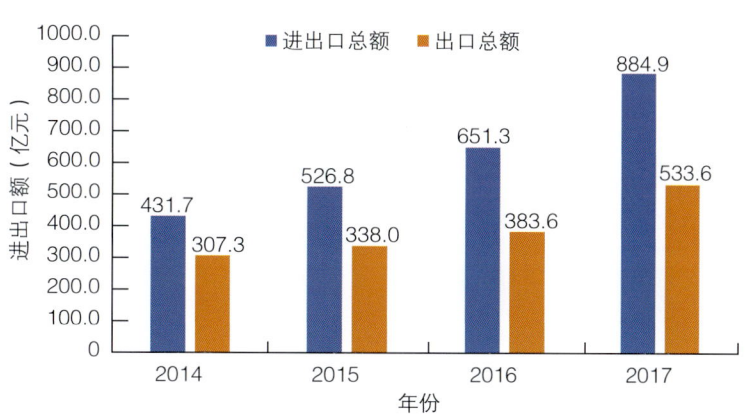

图3-30 2014—2017年瞪羚企业进出口情况

瞪羚企业积极开展高附加值的国际技术和服务贸易,不断强化高附加值产品的出口,2014—2017年高新技术产品及技术服务出口呈增长态势。2017年瞪羚企业高新技术产品出口额为361.4亿元,同比增长35.0%,三年复合增长率为30.1%;技术服务出口总额为52.1亿元,同比增长11.2%,三年复合增长率为27.0%。2017年,国家高新区瞪羚企业高新技术产品出口和技术服务出口占国家高新区瞪羚企业出口总额的比例分别为67.7%和9.8%。高新技术产品在出口中的比例在2015和2016年达到高值,2017年下降;技术服务在出口中的比例在2016年达到高值12.2%,2017年下降(图3-31和图3-32)。

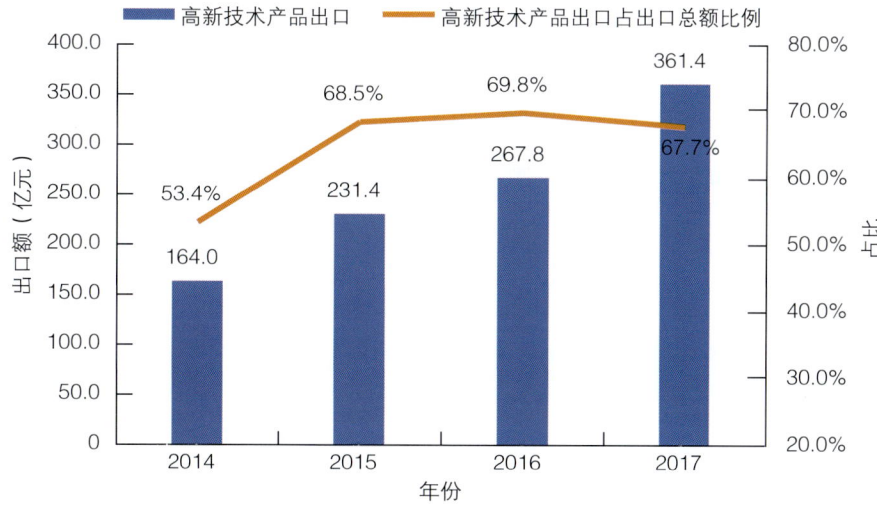

图3-31 2014—2017年瞪羚企业高新技术产品出口情况

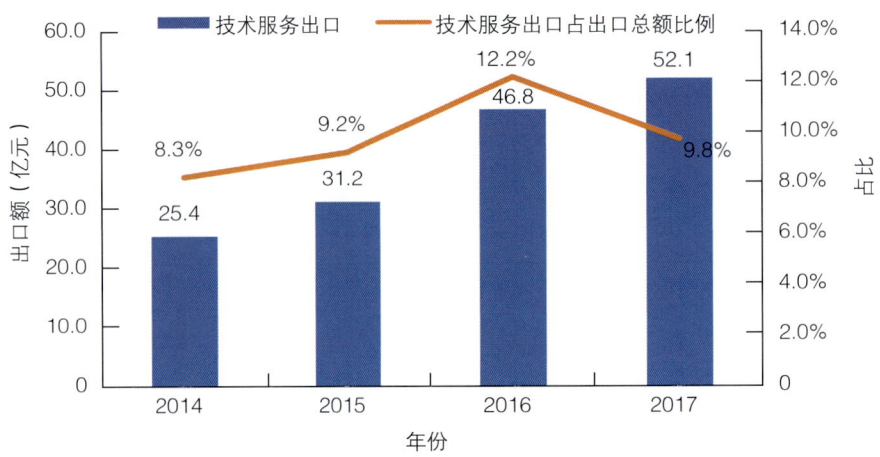

图3-32　2014—2017年瞪羚企业技术服务出口情况

## 五、部分瞪羚企业成长为独角兽企业

### （一）24家独角兽企业分布于8个国家高新区

**1.瞪羚企业中有24家成长为独角兽企业**

截至2017年年底，共有24家优秀的瞪羚企业通过技术创新和商业模式创新，吸引资本市场的关注，呈现爆发式增长，成长为独角兽企业。2017年发布的164家独角兽企业名单中有20家来自国家高新区瞪羚企业群体，又有4家瞪羚企业在2018年成为新晋独角兽企业。

**2.24家独角兽企业分布在8个国家高新区**

过半数的独角兽企业来自最早实施瞪羚培育计划的中关村，各有3家来自上海张江和深圳高新区，其余分别来自广州、武汉东湖、西安、武进和杨凌高新区（表3-6）。

表3-6　24家独角兽企业国家高新区数量分布

| 国家高新区 | 独角兽企业数量（家） |
| --- | --- |
| 中关村 | 13 |
| 上海张江 | 3 |
| 深圳 | 3 |

续表

| 国家高新区 | 独角兽企业数量（家） |
|---|---|
| 广州 | 1 |
| 武汉东湖 | 1 |
| 西安 | 1 |
| 武进 | 1 |
| 杨凌 | 1 |

## （二）成长于瞪羚企业的独角兽企业经营效益更优

24家由瞪羚企业成长为独角兽的企业，2017年营业收入总额为740.14亿元，最高的一家独角兽企业营业收入为256.57亿元，占24家独角兽企业营业收入总额的34.67%。92%的独角兽企业营业收入在5亿元及以上，营业收入集中分布在5亿~20亿元，占比高达67%（表3-7）。

表3-7　2017年独角兽企业营业收入分布

| 营业收入（元） | 独角兽企业数量（家） | 占比 |
|---|---|---|
| 100亿以上 | 2 | 8% |
| 20亿~100亿 | 4 | 17% |
| 10亿~20亿 | 8 | 33% |
| 5亿~10亿 | 8 | 33% |
| 5亿以下 | 2 | 8% |
| 合计 | 24 | 100% |

2017年24家独角兽企业中有12家实现盈利，占比为50%。盈利最高的独角兽企业实现了30亿元以上的净利润。

独角兽企业近三年营业收入复合增长率为146.22%[①]，显著高于瞪羚企业的平均水平40.64%。近三年营业收入复合增长率最高为280.8%，营业收入三年复合增长率在50%以上的企业有8家（图3-33）。

---

① 以4年（2014—2017年）数据齐全的9家独角兽企业为样本进行分析。

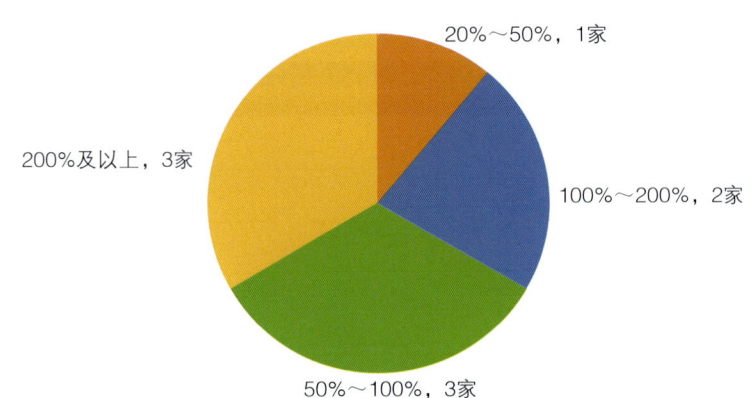

图3-33 2014—2017年瞪羚企业发展为独角兽企业营业收入复合增长率分布

从成长性和平均规模来看，2017年独角兽企业平均营业收入是瞪羚企业整体的4.6倍，从业人员数是国家高新区瞪羚企业的3.7倍（表3-8）。

表3-8 2017年国家高新区瞪羚企业与24家独角兽企业指标对比

| 指标 | | 国家高新区瞪羚企业 | 独角兽企业 |
| --- | --- | --- | --- |
| 成长性 | 营业收入复合增长率 | 40.64% | 146.22% |
| 平均规模 | 2017年营业收入平均值（亿元） | 6.43 | 29.61 |
| | 平均从业人员数（人） | 431 | 1614 |

## （三）独角兽企业科技活动投入强度更大

### 1.独角兽企业平均科技活动投入达1.5亿元

2017年24家独角兽企业科技活动投入37.11亿元，平均科技活动投入高达15460.66万元，显著高于瞪羚企业整体的4489.37万元。2017年科技活动投入强度分布在2.5%~5%的独角兽企业数量最多，为7家（表3-9）。

表3-9 2017年24家独角兽企业科技活动投入强度分布

| 科技活动投入强度 | 独角兽企业数量（家） | 占比 |
| --- | --- | --- |
| 30%以上 | 1 | 4% |
| 10%~30% | 6 | 25% |
| 7.5%~10% | 2 | 8% |
| 5%~7.5% | 1 | 4% |
| 2.5%~5% | 7 | 29% |

续表

| 科技活动投入强度 | 独角兽企业数量（家） | 占比 |
| --- | --- | --- |
| 0～2.5% | 5 | 21% |
| 0 | 2 | 8% |
| 合计 | 24 | 100% |

**2.独角兽企业科技活动人员3倍于瞪羚企业平均水平**

2017年独角兽企业科技活动人员数占独角兽企业期末总人数的26.91%，平均科技活动人员为452.46人，为瞪羚企业整体平均值的3.26倍。独角兽企业科技活动人员数量由2014年的1763人增长到2017年的7623人，2017年同比增长41.04%，2014—2017年复合增长率高达62.91%[①]（图3-34）。

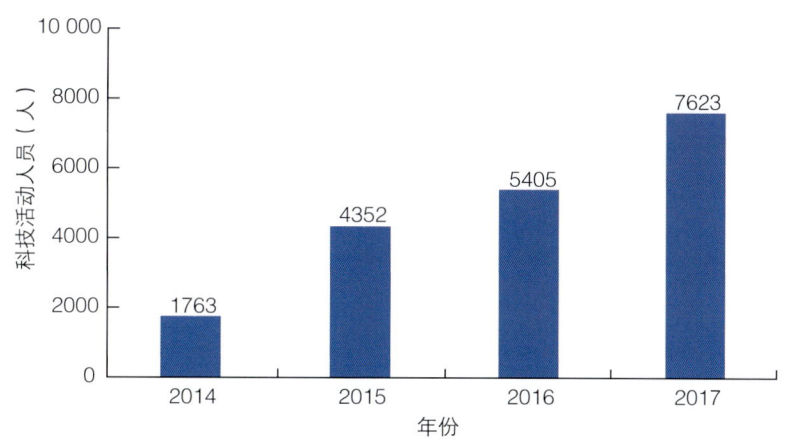

图3-34　2014—2017年独角兽企业科技活动人员投入

### （四）独角兽企业创新成效显著

**1.独角兽企业八成以上产品销售收入来自高新技术产品**

2017年24家独角兽企业实现高新技术产品销售收入99.10亿元，占产品销售收入的82.06%，高于2857家瞪羚企业的76.07%。2014—2017年高新技术产品销售收入复合增长率高达76%[①]（图3-35）。

---

① 以4年（2014—2017年）数据齐全的9家独角兽企业为样本进行分析。

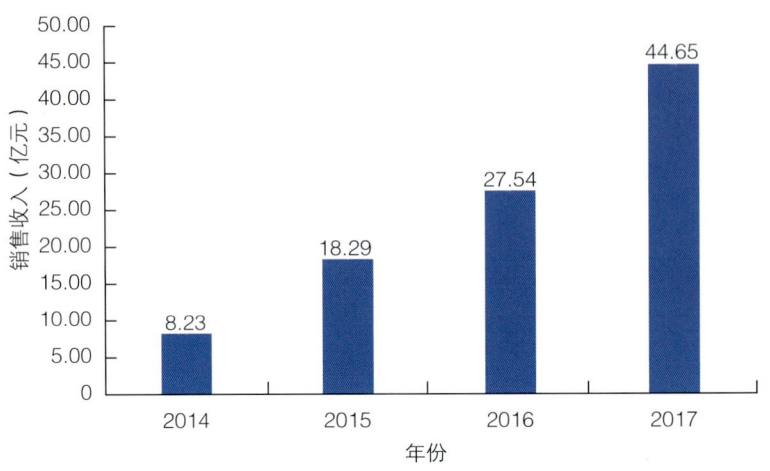

图3-35 2014—2017年独角兽企业高新技术产品销售收入

### 2.独角兽企业平均申请专利数是瞪羚企业的7倍

2017年有12家独角兽企业申请专利，共申请专利3019件，平均每家独角兽企业当年申请专利数为251.58件，是瞪羚企业平均值的7.77倍；授权专利数共647件，拥有有效专利数共1977件；申请发明专利共2060件，授权发明专利共198件，拥有有效发明专利共582件。按2014—2017年连续数据变化来看，独角兽企业申请专利数三年复合增长率高达93.58%，授权专利三年复合增长率为47.68%，拥有有效专利三年复合增长率为47.49%[①]（图3-36）。

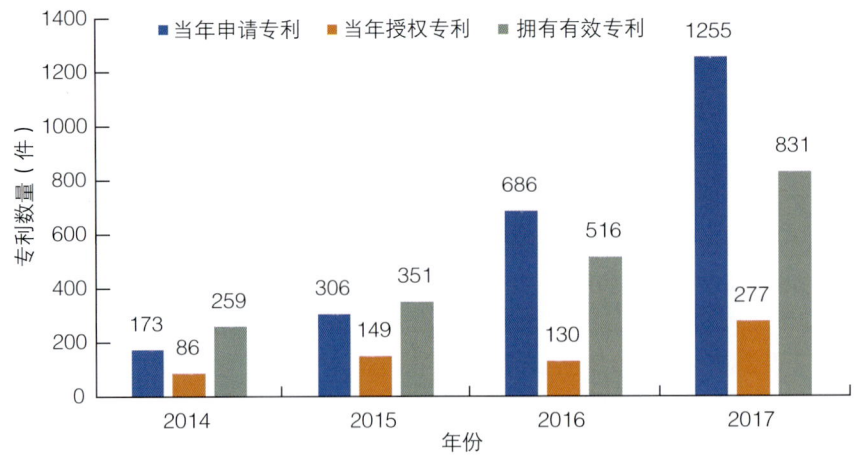

图3-36 2014—2017年独角兽企业自主知识产权情况

---

① 以4年（2014—2017年）数据齐全的9家独角兽企业为样本进行分析。

研究组持续跟踪研究国家高新区瞪羚企业，共编制了5期《国家高新区瞪羚企业发展报告》，本章以5期报告中2013—2017年度的瞪羚企业群体为主体（数量分别为1542家、1888家、2085家、2576家和2857家），从规模、成长性、行业分布、经营效益、创新能力等方面对其群体特征进行对比分析。

## 一、2013—2017年度瞪羚企业数量分布与经营情况

### （一）瞪羚企业群体数量不断增加

随着我国新经济的发展，国家高新区瞪羚企业群体规模每年不断扩大。2013年度国家高新区内共发现瞪羚企业1542家，2017年度瞪羚企业群体规模增加至2857家，数量增长了85.28%（图4-1）。随着群体数量的扩大，国家高新区瞪羚企业群体的缴纳税收不断增加：2013年度1542家瞪羚企业缴税总额为221.11亿元，平均每家瞪羚企业缴纳税收1433.91万元；到2017年，2857家瞪羚企业缴税总额增长到997.32亿元，平均每家瞪羚企业缴纳税收增长到3490.79万元（图4-2）。

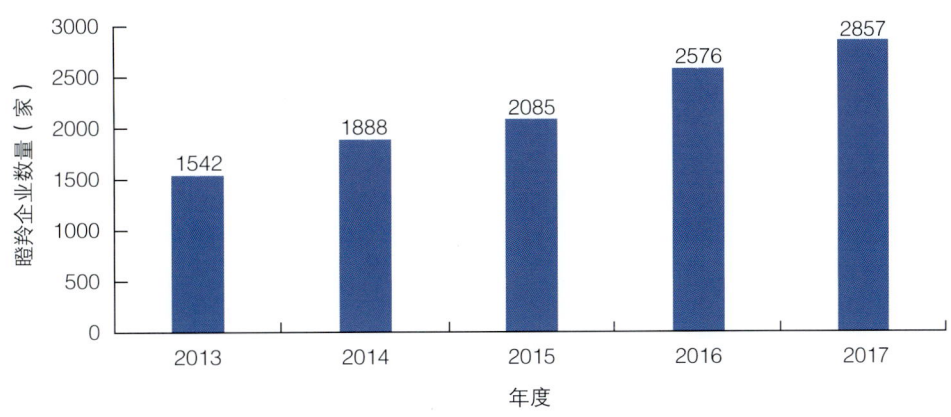

图4-1　2013—2017年度国家高新区各期瞪羚企业数量

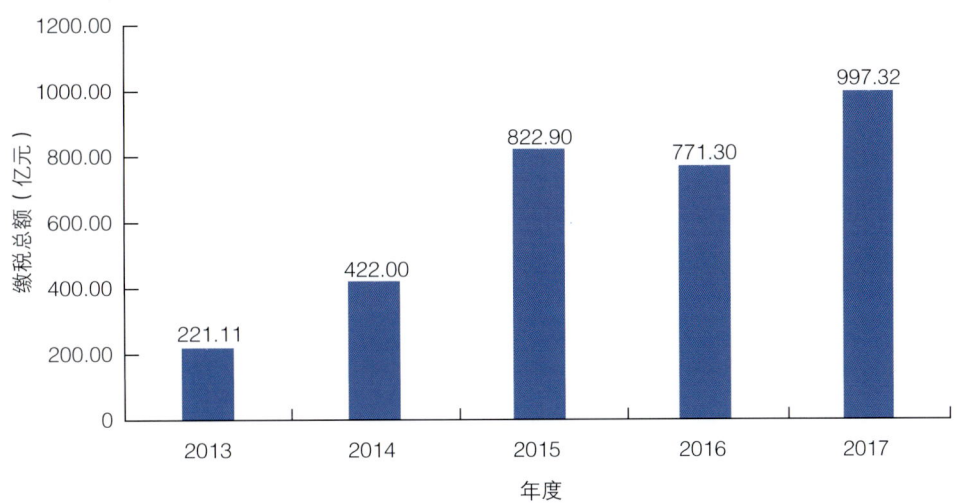

图4-2　2013—2017年度国家高新区各期瞪羚企业缴税总额

### （二）拥有 20 家以上瞪羚企业的国家高新区增至 29 个

拥有20家以上瞪羚企业的国家高新区数量不断增多。2013年度，共20个国家高新区内出现20家以上瞪羚企业；到2017年，共29个国家高新区拥有20家以上瞪羚企业（图4-3）。

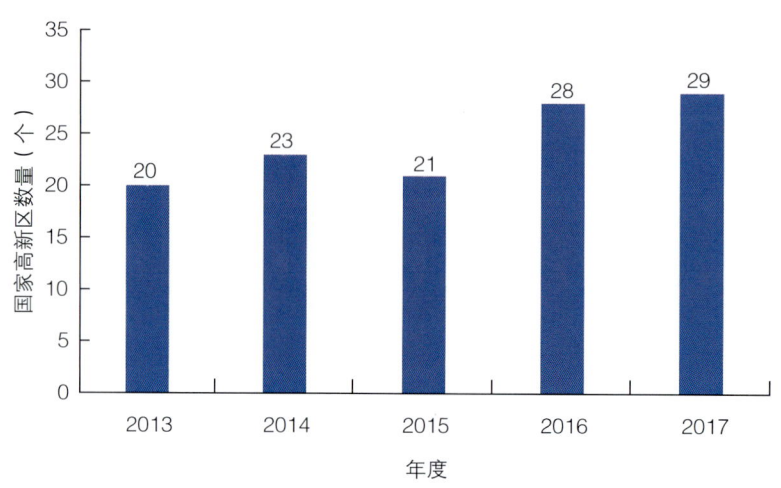

图4-3　2013—2017年度拥有国家高新区瞪羚企业数超过20家的国家高新区数量

中关村瞪羚企业数量最多，上海张江增长最快。2017年度国家高新区瞪羚企业分布最集中的前10个国家高新区分别为中关村、上海张江、深圳、广州、苏州工业园、杭州、武汉东湖、厦门、成都和西安高新区。从这10个国家高新区连续五年瞪羚企业数量及变化情况来看，中关村拥有的瞪羚企业数量最多，2013—2017年度分别为411家、385家、535家、650家、661家，上海张江瞪羚企业数量增长最快，由2013年度的46家增长到2017年度的296家（图4-4）。

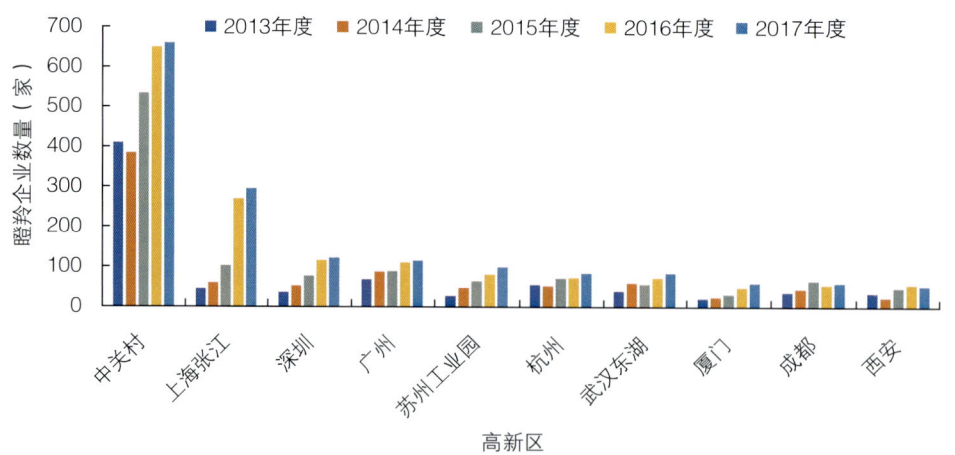

图4-4　2017年度瞪羚企业数量最多的前10个国家高新区五期瞪羚企业数变化情况

### (三)瞪羚企业营业收入复合增长率均达 30% 以上

国家高新区瞪羚企业群体保持30%以上的高速增长。2013年度1542家国家高新区瞪羚企业群体营业收入三年复合增长率为45.10%;2014年度1888家瞪羚企业群体营业收入三年复合增长率为51.10%;2015年度2085家瞪羚企业群体营业收入三年复合增长率为35.80%;2016年度2576家瞪羚企业群体营业收入三年复合增长率为34.30%;2017年度2857家瞪羚企业群体营业收入三年复合增长率为40.64%(图4-5)。

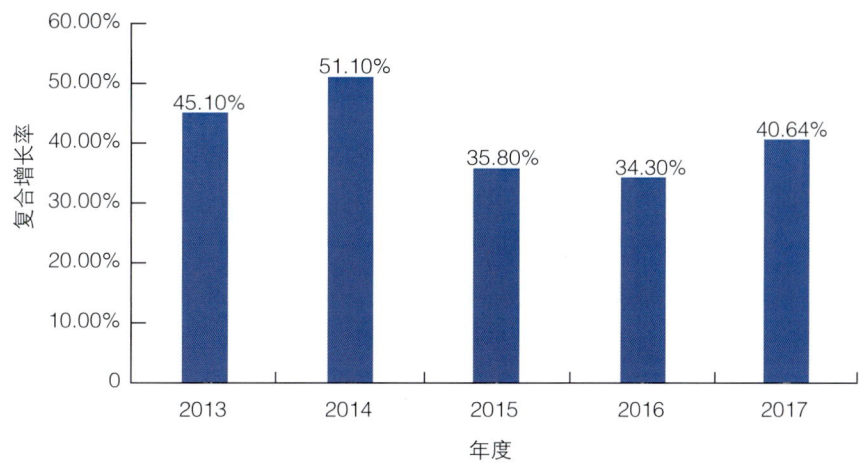

图4-5　2013—2017年度国家高新区各期瞪羚企业营业收入复合增长率

## 二、2013—2017年度瞪羚企业行业分布

### (一)制造业的瞪羚企业占比均达 50% 以上

从行业门类来看,制造业是瞪羚企业群体分布最集中的行业。从2013年度的1542家瞪羚企业到2017年度的2857家瞪羚企业,其行业分布始终覆盖14个国民经济的行业门类。其中,分布数量最多的行业门类始终为制造业,其次为信息传输、软件和信息技术服务业,再次为科学研究和技术服务业。

从行业门类的数量占比来看,制造业在瞪羚企业群体中的占比有所减少,2013年度906家制造业企业占1542家瞪羚企业总数的58.75%,2017年度1480家制造业企业占2857家瞪羚企业总数的51.80%;信息传输、软件和信息技术服务业,科学研究和技术服务业的瞪羚企业数量占比有所提高,分别由2013年度1542家瞪羚企业总数的26.97%和7.65%,增至2017年度2857家瞪羚企业总数的30.56%和9.42%(图4-6)。

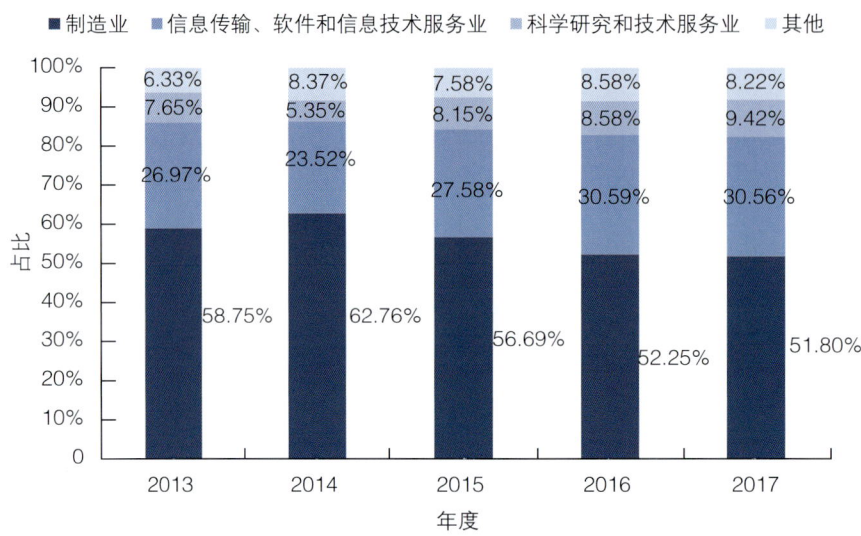

图4-6　2013—2017年度国家高新区各期瞪羚企业所属行业门类分布

### （二）高技术产业的瞪羚企业占比由 51.11% 提升至 66.22%

国家高新区瞪羚企业中，属于高技术产业的企业占比逐年增加[①]。2014年度的1542家瞪羚企业中，属于高技术产业的企业占51.56%，其中，高技术制造业占22.00%，高技术服务业占29.56%；2017年度的2857家瞪羚企业中，属于高技术产业的企业占比升至66.22%，其中，高技术制造业占25.69%，高技术服务业占40.53%（图4-7）。

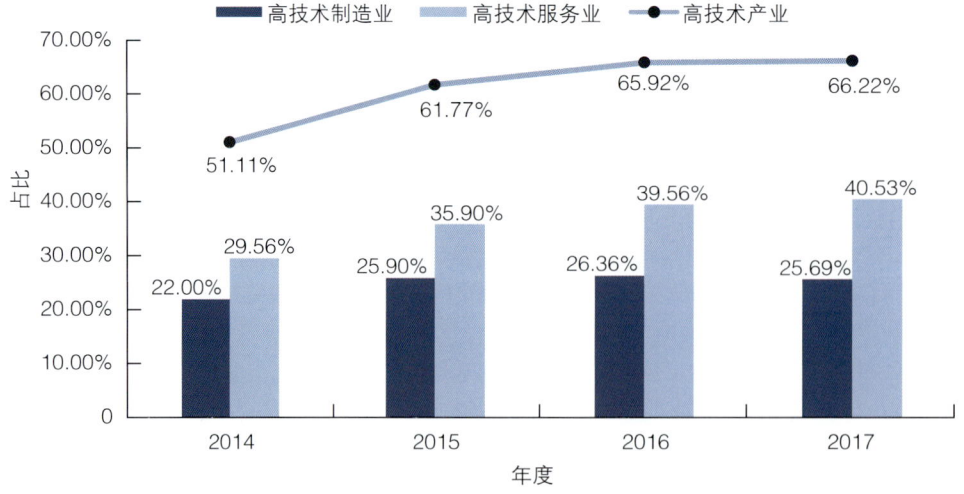

图4-7　2014—2017年度国家高新区各期瞪羚企业高技术产业分布

---

① 由于数据不足，本部分仅针对2014—2017年度瞪羚企业情况进行分析。

## 三、2013—2017年度瞪羚企业经营效率

### （一）瞪羚企业群体始终以中小规模企业为主

瞪羚企业群体的平均营业收入始终保持在10亿元以下。2013年度1542家瞪羚企业的平均营业收入为2.97亿元；2014年度1888家瞪羚企业的平均营业收入为5.36亿元；2015年度2085家瞪羚企业的平均营业收入为9.06亿元，为近5年最高值；2016年度2576家瞪羚企业的平均营业收入为6.82亿元；2017年度2857家瞪羚企业的平均营业收入为6.43亿元（图4-8）。

瞪羚企业群体的平均员工规模基本保持在300～500人。2013年度1542家瞪羚企业的平均从业人员数量为278人；2014年度1888家瞪羚企业的平均从业人员数量为309人；2015年度2085家瞪羚企业的平均从业人员数量为527人，为近5年最高值；2016年度2576家瞪羚企业的平均从业人员数量为469人；2017年度2857家瞪羚企业的平均从业人员数量为431人（图4-9）。

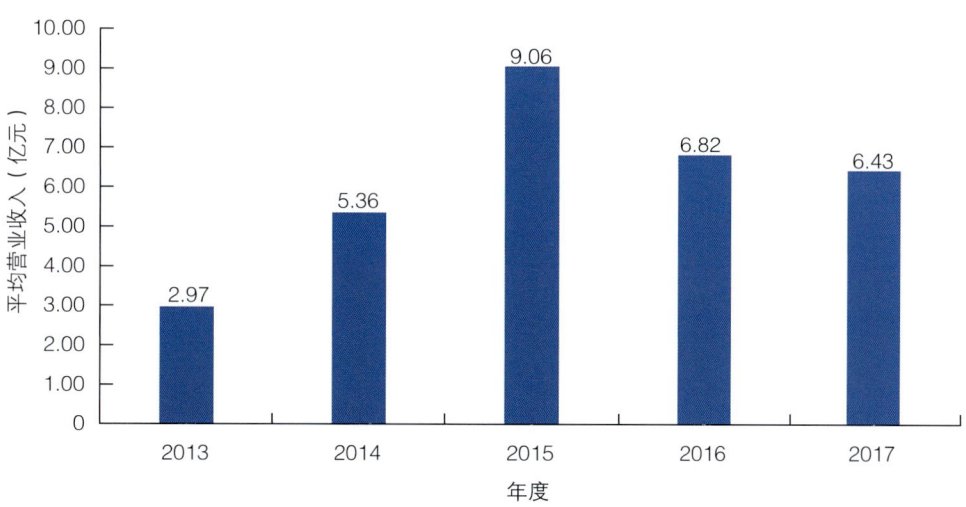

图4-8　2013—2017年度国家高新区各期瞪羚企业平均营业收入

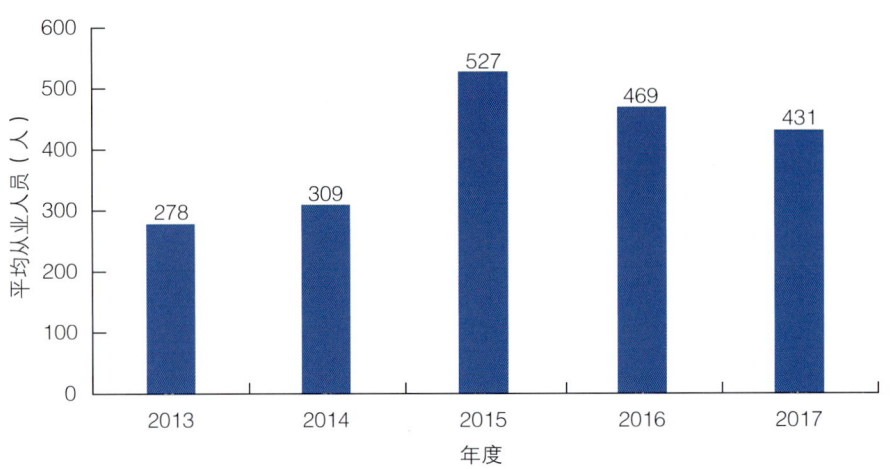

图4-9 2013—2017年度国家高新区各期瞪羚企业平均从业人员数量

## （二）瞪羚企业群体保持 7% ～ 11% 的平均净利润率

瞪羚企业群体的平均净利润逐年增加。2013年度1542家瞪羚企业的平均净利润仅为3234万元；2014年度1888家瞪羚企业的平均净利润为3978万元；2015年度2085家瞪羚企业的平均净利润为6684万元；2016年度2576家瞪羚企业的平均净利润为6552万元；2017年度2857家瞪羚企业的平均净利润6919万元（图4-10）。

近5年来，瞪羚企业群体平均净利润率保持在7%～11%。2013年1542家瞪羚企业平均净利润率为11.10%；2014年1888家瞪羚企业平均净利润率为7.40%；2015年2085家瞪羚企业平均净利润率为7.40%；2016年2576家瞪羚企业平均净利润率为9.60%，2017年2857家瞪羚企业平均净利润率为10.76%（图4-11）。

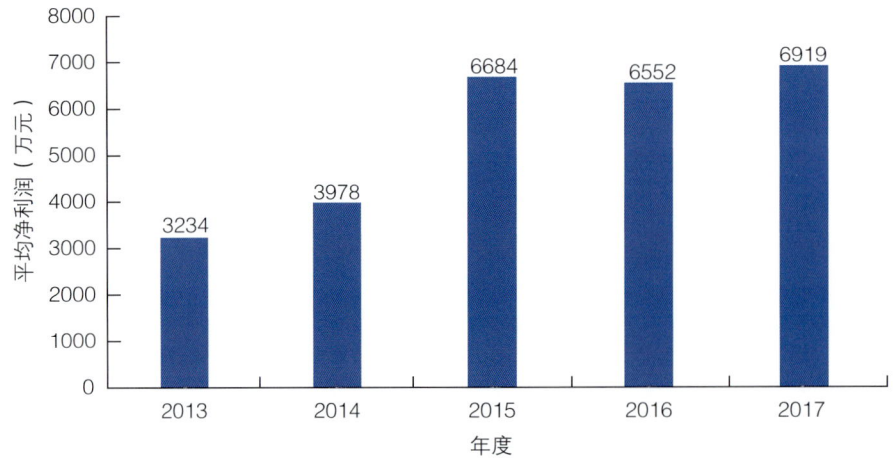

图4-10 2013—2017年度国家高新区各期瞪羚企业平均净利润

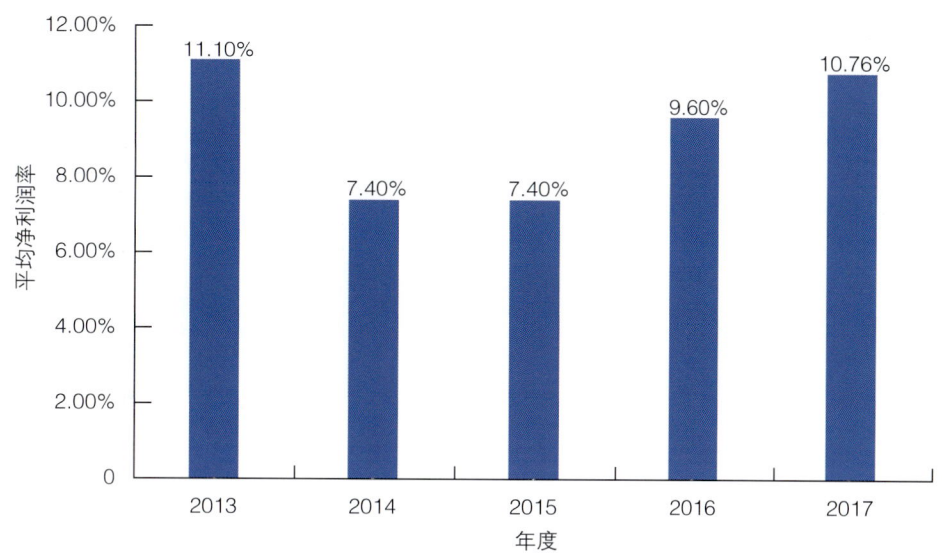

图4-11 2013—2017年度国家高新区各期瞪羚企业平均净利润率

## 四、2013—2017年度瞪羚企业创新要素投入

### （一）瞪羚企业科技活动投入强度最高达6.98%

瞪羚企业的科技活动投入总体上升。2013年度1542家国家高新区瞪羚企业平均科技活动投入1751.1万元，是同期国家高新区企业平均水平的223%；2014年度1888家瞪羚企业平均科技活动投入2089.8万元；2015年度2085家瞪羚企业平均科技活动投入4264.3万元；2016年度2576家瞪羚企业平均科技活动投入4224.4万元；2017年度2857家瞪羚企业平均科技活动投入4489.4万元（图4-12）。

2013年度1542家国家高新区瞪羚企业的科技活动投入强度为5.89%；2014年度1888家国家高新区瞪羚企业的科技活动投入强度为3.90%；2015年度2085家国家高新区瞪羚企业的科技活动投入强度为4.71%；2016年度2576家国家高新区瞪羚企业的科技活动投入强度为6.20%；2017年度2857家国家高新区瞪羚企业的科技活动投入强度为6.98%（图4-12）。

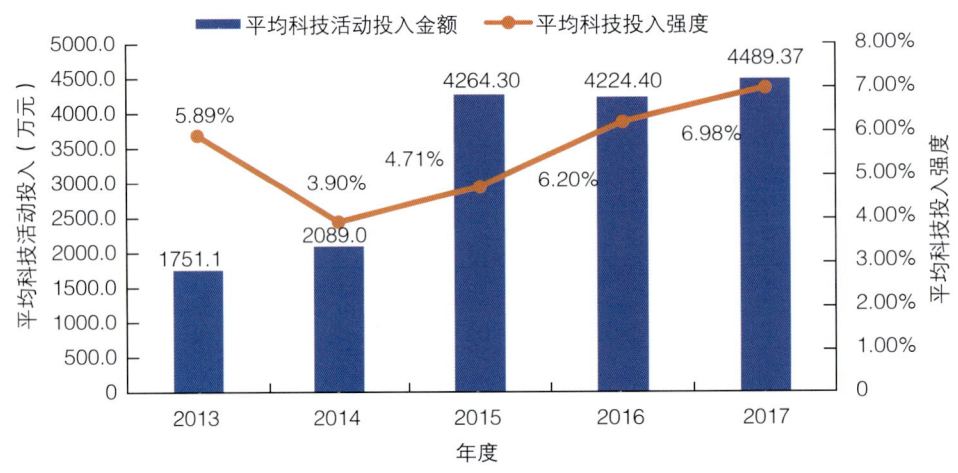

图4-12 2013—2017年度国家高新区各期瞪羚企业科技活动投入

## （二）瞪羚企业科技活动人员占比均超过 20%

瞪羚企业参与科技活动的人员整体呈上升趋势。2013年度1542家国家高新区瞪羚企业中，参加科技活动人员共14.75万人，平均每家瞪羚企业拥有95人；2014年度1888家国家高新区瞪羚企业中，平均每家拥有的科技活动人员略有下降；2015年度2085家国家高新区瞪羚企业中，平均每家拥有科技活动人员126人，占从业人员数量的23.90%；2016年度2576家国家高新区瞪羚企业中，平均每家拥有科技活动人员138人，占比为29.5%；2017年度2857家国家高新区瞪羚企业中，平均每家拥有科技活动人员139人，占比为32.25%（图4-13）。

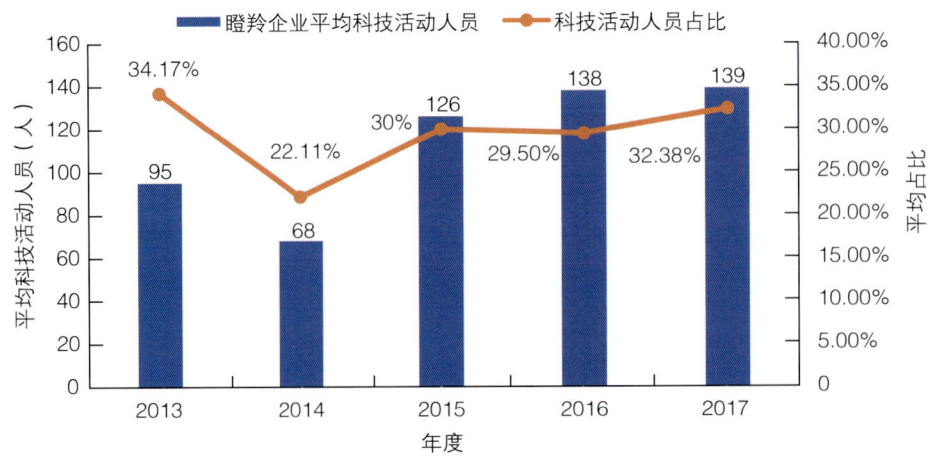

图4-13 2013—2017年度国家高新区各期瞪羚企业科技活动人员规模及占比

## 五、2013—2017年度瞪羚企业创新成果

### (一)瞪羚企业新产品收入均超过1300亿元

各年度瞪羚企业的新产品收入均在1300亿元以上。2013年度1542家国家高新区瞪羚企业中,从事技术活动产出的有708家,在2013年度实现新产品销售收入共计1434.22亿元;2014年度1888家国家高新区瞪羚企业的新产品销售收入为1319.7亿元;2015年度2085家国家高新区瞪羚企业的新产品销售收入为2772.9亿元;2016年度2576家国家高新区瞪羚企业的新产品销售收入为1982.6亿元;2017年度2857家国家高新区瞪羚企业的新产品销售收入为1517.7亿元(图4-14)。

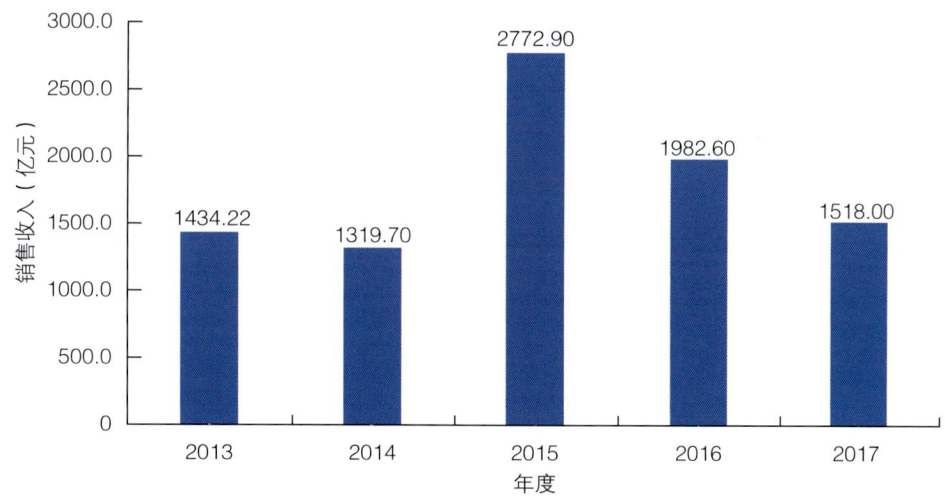

图4-14 2013—2017年度国家高新区各期瞪羚企业新产品销售收入额

### (二)瞪羚企业申请专利数均超过16 000件

瞪羚企业申请专利的数量始终保持在16 000件以上。2013年度1542家国家高新区瞪羚企业申请专利16 563件,占同期国家高新区企业申请专利总数的5.54%;2014年度1888家国家高新区瞪羚企业申请专利18 532件;2015年度2085家国家高新区瞪羚企业申请专利29 445件;2016年度2576家国家高新区瞪羚企业申请专利25 158件;2017年度2857家国家高新区瞪羚企业申请专利24 838件(图4-15)。

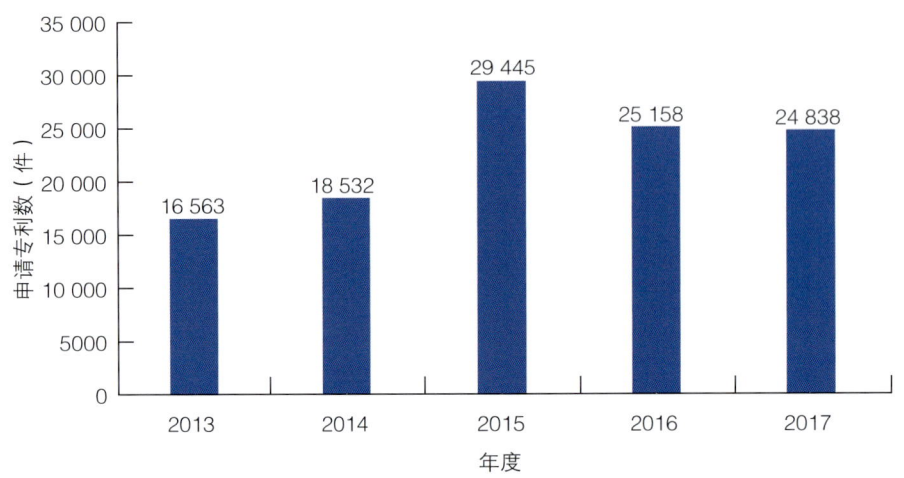

图4-15　2013—2017年度国家高新区各期瞪羚企业申请专利数

瞪羚企业拥有的有效发明专利数量总体上升。2013年度1542家国家高新区瞪羚企业共拥有有效专利23 580件；2014年度1888家国家高新区瞪羚企业共拥有有效专利26 856件；2015年度2085家国家高新区瞪羚企业共拥有有效专利47 354件；2016年度2576家国家高新区瞪羚企业共拥有有效专利45 419件；2017年度2857家国家高新区瞪羚企业共拥有有效专利97 119件（图4-16）。

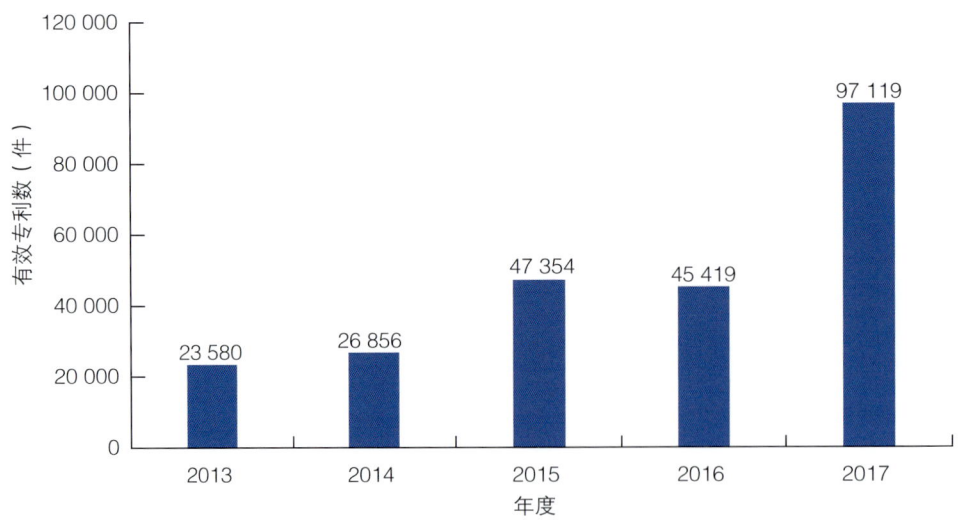

图4-16　2013—2017年度国家高新区各期瞪羚企业拥有有效专利数

国家高新区瞪羚企业发展报告2018

# 第五章

## 国家高新区持续推进瞪羚企业培育

# 一、多个国家高新区启动并推进瞪羚企业培育工作

全国多个国家高新区为提升本地区竞争能力开始关注并启动瞪羚企业培育工作，中关村、武汉东湖、广州、成都等国家高新区先后开始推行本地的瞪羚企业培育计划。合肥、佛山、潍坊等高新区也于2018年启动了瞪羚企业培育计划[①]。

## （一）中关村最早出台瞪羚企业培育政策

北京中关村科技园于2003年启动"瞪羚计划"，认定瞪羚企业并发布瞪羚企业名单，建立信用体系，出台瞪羚企业培育政策，为瞪羚企业融资、担保等提供金融支持。

为瞪羚企业提供金融保障是中关村最早的扶持方式。2014年，中关村发布了以《关于支持中关村国家自主创新示范区瞪羚重点培育企业发展的若干金融措施》为代表的一系列针对中小型创新创业企业的金融扶持政策，为中小型创新创业企业提供金融上的扶持。园区内担保公司作为支持机构，多年来通过设立贷款绿色通道，为担保企业提供更为高效的审批流程和快捷的服务，确保企业享受优惠政策。近年累计为园区2535家次瞪羚企业提供了400亿元融资担保服务，为打造中关村科技金融创新试点做出重要探索。

---

① 本章案例内容引用材料更新截至2018年8月。所有数据来源于企业对外发布（如年报等）的公开信息。

此外，中关村一直将众创空间作为培育区域瞪羚企业的重要渠道，2014年设立的中关村创业大街目前已拥有45家创业服务机构，中关村利用这些众创空间打造创新生态环境，利用市场的力量来培育瞪羚企业，确保瞪羚企业诞生与发展的可持续性。中关村也持续关注科技发展，积极推动区域科研水平的提升，目前中关村科技园汇聚了北大、清华等27所高校，以及中科院等30多个研究所。这些高校与科研机构代表国内一流的科研队伍，在这些机构的支持下，中关村的瞪羚企业在发展速度上一直居于国内高新区前列。

根据《国家高新区瞪羚企业发展报告》，2017年中关村瞪羚企业数达到661家，2013—2017年中关村瞪羚企业增长率达到60.8%，瞪羚企业成为中关村的品牌企业群体。

2018年，中关村发布支持民营经济发展系列政策，并推出了新版的"中关村瞪羚企业入选条件及扶持举措"，继续积极鼓励瞪羚企业发展。

### （二）武汉东湖搭建瞪羚企业俱乐部服务企业

东湖高新区于2011年启动瞪羚企业培育工作，研究瞪羚政策、建立光谷瞪羚大数据平台、挖掘优秀瞪羚企业、编制年度瞪羚企业报告等。截至2018年，东湖高新区管委会已遴选认定7批次累计577家瞪羚企业，2017年共选出320家瞪羚企业，瞪羚企业数量在7年间增长了10倍。这些瞪羚企业基本涵盖了东湖高新区光电子、现代服务业、高端装备制造、节能环保、生命健康五大主导产业。

东湖高新区通过瞪羚企业俱乐部平台引入多家海内外企业服务机构，为瞪羚企业提供服务，组织开展了10余期行业交流会、商业模式头脑风暴会等活动，为数十家瞪羚企业提供专题培训。引进多家准瞪羚企业、瞪羚企业在光谷落地。培育出理工光科、盛天网络、明德生物、锐科光纤4家上市公司，斗鱼直播、卷皮、安翰光电、斑马快跑4家独角兽企业，超过60家瞪羚企业在新三板挂牌，累计获得风险投资超过100亿元，超过10家瞪羚企业被行业龙头企业或上市公司并购。

2015年出台瞪羚培育政策，围绕提高融资能力、拓展发展空间、强化创新能力和提升管理水平4个方面对瞪羚企业进行扶持。东湖高新区于2018年修订并出台新的《东湖高新区瞪羚企业认定及培育办法》（瞪羚十条），围绕提升管理能力、提高国际化水平、优化深度服务、改善融资环境等方面展开。

2017年东湖高新区为符合要求的114家瞪羚企业累计贷款贴息2359万元，该114家瞪羚企业2016年度完成收入117.71亿元，同比增长41.2%；共纳税5.83亿元，同比增长41.5%，实现了良好的发展。新增瞪羚国际交流计划，设立瞪羚基金，开展与各高新区知名企业交流计划，打造"光谷瞪羚"品牌等7项扶持措施。

### （三）成都高新区关注发展新经济

2017年1月，成都高新区印发《成都高新区进一步深化创新创业发展的若干政策》，制定了针对创新创业企业及为创新创业企业提供服务的创新创业载体、服务机构的八大政策，深入推进创新创业发展。

2017年7月，成都高新区发布《关于发展新经济培育新动能的若干政策》，针对符合要求的新经济企业或新型组织出台八大支持政策，支持不同经济形态的新企业发展壮大。

为进一步提升政府服务能力，强化优质企业培养，加大高新区瞪羚企业培育力度，支持优质瞪羚企业扎根成长，成都高新区2018年启动"瞪羚计划"。

成都高新区2018年发布《关于深化产业培育实现高质量发展若干政策意见》，围绕电子信息、生物医药、新经济等主导产业和产业功能区建设，构建以种子期雏鹰企业、瞪羚企业、独角兽企业、平台生态型龙头企业为重点的企业梯度培育体系，旨在打造一批梯次递进、成长有序、生态良好的企业群落，构建具有国际影响力的现代产业体系，促进高质量发展。

### (四)广州高新区重点培育瞪羚企业群体

广州市黄埔区、广州开发区[①]于2013年启动"瞪羚计划",将发现和培育瞪羚企业作为重点工作,目前已连续开展5年,共认定4批瞪羚(培育)企业,企业数量从2013年的124家增长至2017年的261家。

广州开发区于2015年出台了《广州开发区瞪羚企业认定扶持办法》,针对企业研发投入、骨干人才、融资、贷款等方面提出了"瞪羚八条"专项扶持政策,逐步形成支持瞪羚企业持续创新发展的有效模式。2016年,瞪羚企业群体共获得专项扶持资金近7000万元;2017年,瞪羚企业群体共获得专项扶持资金近1亿元。

2017年度,261家瞪羚(培育)企业共实现主营收入463.85亿元,近两年主营收入复合增长率高达30%,瞪羚企业群体各项经济指标的复合增速均远高于园区整体水平,呈现高成长性,对园区经济增长起到重要的带动作用。261家瞪羚(培育)企业以占不足黄埔区5%的企业数量贡献了近20%的研发经费投入,共投入研发经费31.1亿元,整体研发经费投入强度达6.7%。261家瞪羚(培育)企业共获得专利授权1507件,其中,发明专利授权432件,分别占黄埔区的22.17%和24.01%。瞪羚企业群体依靠创新发展走在园区企业的前列,对园区企业转型发展起到了良好的示范作用。

2018年,区科创局对瞪羚企业入选条件和扶持措施进行修订完善,形成新的"瞪羚八条"专项扶持政策。园区通过修订完善瞪羚专项扶持政策,重点发挥瞪羚企业的成长示范作用,从而带动更多的爆发式成长企业脱颖而出。

### (五)潍坊高新区出台综合政策支持瞪羚企业发展

潍坊高新区于2018年出台《潍坊高新区关于培育和支持瞪羚企业加快发展的实施意见》,搭建出从潜在瞪羚到瞪羚的成长路线,并通过财政扶持、资源倾斜、金融引导、要素保障等举措扶持瞪羚企业发展。

---

① 广州经济技术开发区、广州高新技术产业开发区、广州保税区、广州出口加工区、中新知识城及受广州市委托管理的广州国际生物岛等下属园区。

财政扶持方面，设立财政补助专项，对认定为瞪羚的企业给予一次性奖励，对高成长企业技术改造进行专项资助。拓展发展空间，推荐企业入驻孵化器和专业园区，优先保障企业生产经营用房、建设用地和人才公寓需求。金融扶持方面，对瞪羚企业用于主营业务发展产生的银行贷款利息、担保费、贷款保险费等费用支出给予一定补助，并对获得股权投资机构投资的瞪羚企业给予奖励。

通过申报遴选，2018年潍坊高新区共挖掘培育出了23家瞪羚企业与14家培育类瞪羚企业。从统计数据来看，2018年度的潍坊高新区瞪羚企业平均营业收入超过2亿元，三年复合增长率超过30%，平均授权专利数58件，平均科技投入强度超过6%。其平均表现远高于国家高新区瞪羚企业，属于较为优质的瞪羚企业群体。

除此之外，潍坊高新区成立了山东省内第一家瞪羚俱乐部，成员涵盖高新区瞪羚企业、培育类瞪羚企业、潜在独角兽企业、内外部金融机构、第三方服务机构等，通过引入国内外创新创业服务资源，为企业提供覆盖成长全链条的服务，构建自进化、自成长的创新创业生态系统，并扮演培育和支持潍坊瞪羚企业的载体和平台的角色，为高新企业提供包括政策解读、奖励申请、资源链接在内的各类政府服务，为区内初创企业迈向瞪羚企业、助力瞪羚企业高速发展提供支撑。

## 二、更多区域开展新经济企业梯度培育

在新经济背景下，山东省、江西省、江苏省、宁波市、重庆市等省市一级政府更加重视"创业—瞪羚—独角兽"整个企业成长链条的衔接培育，并规划出台了新经济企业的梯度培育计划。

### （一）山东省率先开展全省范围瞪羚企业培育工作

山东省于2017年启动瞪羚企业培育工作，是全国第一个由省级政府部署、在全省范围内开展瞪羚企业培育和奖励工作的省份。2017年9月，山东省委、省政府印发了《中共山东省委山东省人民政府关于支持非公有制经济健康发展的十条意见》，首次将瞪羚企业培育提上省政府重要议事日程。《2018年山东省政府工作报告》《山东省

新旧动能转换重大工程实施规划》《中共山东省委山东省人民政府关于推进新旧动能转换重大工程的实施意见》等政策文件均将瞪羚企业培育列入发展重点。

2018年1月，山东省中小企业局与省财政厅印发了《山东省瞪羚企业认定培育和奖励行动计划（2017—2019）》，明确了3年培育300家瞪羚企业的目标，至此，山东省瞪羚企业培育工作全面铺开，并于2018年6月公布了首批100家瞪羚企业名单（含示范、培育两类），9月启动第二批瞪羚企业认定工作。在此基础上，围绕完善配套政策、拓展融资渠道、建立监测体系、推动企业上市等方面，山东省中小企业局制定了支持瞪羚企业发展壮大的十条措施。

### （二）宁波市较早启动全市范围瞪羚企业培育工作

2012年宁波市启动高成长（瞪羚）企业培育计划，出台高成长企业培育管理政策。2012—2015年宁波全市先后共4批次248家企业入围宁波高成长企业培育计划，涌现出激智科技、大丰实业、菲仕电机、江丰生物等行业领先、上市的高成长企业。2016年宁波市高新区发布《关于创新型企业树强扶优的若干意见》，打通"初创—瞪羚—独角兽"新型企业梯队培育政策通道，对纳入高新区瞪羚企业培育范围的企业予以项目配套、金融支持、财政支持、引导投资和要素保障等扶持政策。2017年，宁波市将高成长企业培育计划与"中国制造2025"试点示范城市建设相融合，鼓励重点企业创新发展，培育认定100家工业行业高成长培育企业支撑制造业发展。相关扶持政策如表5-1所示。

表5-1  宁波市及高新区高成长（瞪羚）企业扶持政策

| 政策文件 | 培育内容 | 扶持措施 |
| --- | --- | --- |
| 《宁波市高成长企业培育行动管理办法》（甬政发〔2012〕97号） | 从2012年开始，每年动态选择一批企业纳入高成长企业培育行动，到2015年培育成功一批高成长企业，并有10家以上企业成功上市 | 1.设立高成长企业培育专项资金；<br>2.加大高成长企业的资源要素保障 |
| 《关于宁波市推进"中国制造2025"试点示范城市建设的若干意见》（甬政发〔2017〕12号） | 以3511产业为重点，分阶段建立企业动态培育库 | 对完成目标的高成长培育企业，按期年度地方财政实际新增贡献超过目标的部分给予奖励 |

续表

| 政策文件 | 培育内容 | 扶持措施 |
|---|---|---|
| 《宁波市推进"中国制造2025"试点示范城市建设的若干意见的实施细则的通知》（甬经信综调〔2017〕174号） | 对符合收入税收条件和产业导向的企业进行培育 | 1.财政扶持；<br>2.技术改造升级补助 |
| 《宁波国家高新区（新材料科技城）管委会关于创新型企业树强扶优的若干意见》（甬高科〔2016〕81号） | 从2016年起，用5年的时间动态培育"初创—瞪羚—独角兽"创新型企业梯队 | 1.金融支持；<br>2.财政扶持；<br>3.引导投资；<br>4.要素保障 |

### （三）其他区域梯度培育政策

其他区域梯度培育政策如表5-2所示。

表5-2 其他区域梯度培育划分及扶持措施

| 区域 | 政策发布时间 | 梯度划分 | 扶持措施 |
|---|---|---|---|
| 江西省 | 2018年 | 潜在瞪羚企业、瞪羚企业、种子独角兽企业、准独角兽企业、独角兽企业 | 财政专项补助、贷款、投融资、要素保障 |
| 江苏省 | 2018年 | 瞪羚企业、独角兽企业 | 贷款补贴、营造环境、拓展融资渠道 |
| 重庆市 | 2016年 | 牛羚企业、瞪羚企业、独角兽企业 | 营造生态、投融资、人才引进 |

国家高新区瞪羚企业发展报告2018

# 第六章 优秀瞪羚企业案例

自1988年全国首家国家级高新技术开发区——中关村科技园成立以来，在30年的时间内，各地高新区在政府与企业的共同努力下取得了丰硕的成果，涌现出大批优秀企业。本报告选取了中关村、广州、武汉东湖等5家高新区的10家优秀瞪羚企业为研究对象，通过深入研究企业技术创新、业务发展与商业模式，将这些企业的成功经验编纂为案例，为新时代的创业者提供借鉴。希望能够通过我们的努力，让国家高新区优秀瞪羚企业的事迹成为中国企业家们自己的《春秋》。

## 一、字节跳动：数据与流量造就社交新媒体

北京字节跳动科技有限公司（以下简称"字节跳动"）于2012年3月成立，旗下拥有今日头条、抖音短视频、火山口等新闻媒体与视频社交平台。2018年，字节跳动完成Pre-IPO融资，投前估值达到750亿美元。2012年—2017年1月，旗下产品今日头条累积用户已达7.0亿，日线上活跃用户达到7800万人。

### （一）新技术赋能新媒体助力企业快速成长

以数据挖掘处理为基础将海量内容信息通过个性化和大数据的分析精准推送。2012年，大数据行业刚刚兴起，字节跳动推出了基于数据深度挖掘技术的新闻推荐平台——今日头条。该软件最初通过对网易新闻、微博等网站的点击数据统一收集与计算建立了一个数学模型，依托模型计算结果为用户提供其可能感兴趣的新闻。

2016—2017年，字节跳动的营业收入从18亿元人民币升至37亿元人民币，雇员规模从1862人升至4398人。2018年，Trustdata发布的《2017年中国移动互联网行业发展分析报告》显示，2017年间字节跳动旗下的今日头条用户规模同比涨幅在50%以上，位居中国互联网行业前三。2018年2月，字节跳动旗下的抖音短视频的市场渗透率达到14.43%，相比于2017年第三季度结尾，其增长比例达到300%。

### （二）两大业务线互为依托支撑企业发展

以今日头条为核心建立多元化业务链条，向网络媒体平台方向发展。字节跳动的业务主要分为今日头条与短视频APP两条线。今日头条作为字节跳动的起家产品于2012年创建，是国内第一个推送引擎式的网络新闻平台，通过深度数据挖掘实现对用户的针对性推送，并开放自由讨论功能，允许用户之间互相交流，得到年轻人的喜爱。短视频APP业务兴起于2016年，正值国内直播行业兴起，短视频APP则可以让用户以低廉的成本实现网络成名的梦想，吸引了很多年轻人。目前，字节跳动在业务布局上以今日头条为核心，进一步提升其在国内市场的用户渗透率，并开始向海外发展。同时，今日头条也在为刚刚兴起的短视频业务做推广和输血，而短视频APP则通过今日头条带来的客户流量进一步提升市场占有率。

基于公司自身数据的沉淀与行业发展趋势，顺势推出短视频业务。随着今日头条的不断发展，字节跳动积累了以年轻人为核心的用户群体与大量交互数据。与此同时，国内的直播行业开始兴起。正规直播的专业硬件成本让很多想尝试直播娱乐的年轻人望而却步，字节跳动则为广大的直播与视频社交爱好者提供了一个操作简单、硬件要求亲民的解决方案，即以抖音短视频为首的视频社交与直播平台。抖音短视频提供的服务主体为用户可自由上传的音乐短视频，以及在用户达到一定标准后可以开启的长视频与直播功能。

### （三）不断挖掘数据与流量价值

对于字节跳动而言，其商业模式的核心为算法与流量。通过算法处理海量数据实现对客户需求的把控，而流量则是一个网络媒体平台的生存基础。其快速成长的原因有如下3个。

### 1. 数据挖掘能力

字节跳动所有产品的核心功能都是基于数据和算法的智能推荐能力。在数据挖掘能力的支持下，一方面可以为用户节约自行搜索的时间与精力，并通过持续不断的推荐来提升用户在线时间，提升用户黏性；另一方面则可以通过对海量数据的处理形成对客户群体与市场的侧写，有效把握市场趋势，减少资源的浪费。

### 2. 大众参与模式

在其他视频与直播平台开始为获取人气主播与内容的高成本伤脑筋时，字节跳动的短视频App产品则通过大众娱乐的思维将平台内容交到用户大众手中。在该模式的支撑下，字节跳动的视频类软件一直能够以较低的成本吸引大量的用户。

### 3. 利用流量

对于一家网络媒体公司，流量是其盈利的来源，同样也是其竞争力的基础。今日头条通过提供国内缺乏的推送式新闻服务而获取流量，并依托网站、手机App、公众号来迎合不同用户的口味，从而沉淀流量，并利用流量盈利；而抖音短视频通过与用户分享流量的方式将平台打造为流量分享平台，增强了客户黏性。

## 二、明德生物：渠道与技术推动成长

武汉明德生物科技股份有限公司（以下简称"明德生物"）成立于2008年1月28日，主要从事POCT（即时检验）快速诊断试剂与快速检测仪器的自主研发、生产和销售。公司构建了以全血滤过技术、多重抗体标记技术、胶体金炼制技术、化学发光磁酶免疫技术为核心的技术平台，以及高通量智能POCT定量检测平台，形成了覆盖感染性疾病、心脑血管疾病、肾脏疾病、糖尿病、妇产科优生优育、健康体检六大领域 20 余类疾病检测的产品线。公司产品目前已应用于国内各级医院、卫生服务中心、社区门诊、体检中心等3000多家医疗机构。2018年7月30日，明德生物登陆深交所创业板。

## （一）持续专注生物医学研发

明德生物2015—2017年营业收入保持快速增长，分别为9534.1万元、1.4亿元、1.65亿元，三年复合增长率达到31.6%。公司利润总额从2015年的4149万元上升到2017年的7542万元，三年复合增长率达到34.8%。2015—2017年财务数据表明，明德生物处于高速发展阶段，公司通过二级市场募集资金主要用于现有业务扩张、拓展业务领域、加强研发能力及完善营销网络，进一步提升自身核心竞争力。经过近10年发展，明德生物从国内医疗市场细分领域的入门者逐步成长为国内POCT行业巨头之一，并在感染性疾病和心脑血管疾病快速诊断领域有较强竞争优势。

明德生物两位联合创始人早期曾在华中科技大学同济医学院附属医院担任医师，随后在德国海德堡大学从事心脑血管疾病等医学方向的研究，具有海外科研背景和临床经验，均入选"3551光谷人才计划"。此外，公司现有各类专业技术研发人员109名，占员工总数的29.54%，专业覆盖生物医学、化学合成、微电子、通信、自动化控制等领域。

## （二）产品、渠道加服务的新模式

明德生物核心产品以快速诊断试剂和快速检测仪器为主，其中，快速诊断试剂营业收入占总收入的比例最近三年均超过90%。公司拳头产品感染性疾病诊断POCT试剂重点用于细菌、病毒等引起的感染性疾病，如脓毒症的早期诊断、鉴别诊断和预后评估；心脑血管疾病诊断POCT试剂则用于心功能不全、心肌损伤坏死及血管栓塞等疾病的临床辅助诊断。

在产品生产销售基础上，公司延伸开发了胸痛中心、远程心电网络、分子诊断等各类解决方案。公司以创新性手持式12导联心电图机、高通量心脏标志物快速检测平台、血气分析平台、信息化软件平台、胸痛中心管理软件、POCT质量控制软件等产品为依托，帮助医院搭建立体化救治网络，实现胸痛级别会诊、双向转诊的联动和区域分级诊疗模式。明德生物将"产品+渠道+服务"作为公司核心商业模式，通过提供优质的售后服务逐步建立渠道和品牌壁垒。面对行业特性，公司投入大量资金建立和完善销售网络，以专业服务和品牌推广带动渠道建设，通过占领更多渠道资源实现业务的扩张。

明德生物重视研发体系的建设和完善，连续多年研发投入占销售额比例超过13.5%。公司已在POCT快速诊断试剂领域实现了多项技术创新和突破，掌握了全血滤过技术、多重抗体标记技术、胶体金炼制技术、化学发光磁酶免疫技术等，并基于多项核心技术建立POCT试剂研发平台。公司采用的全血滤过技术，通过全血分离膜或红细胞抗体分离红细胞，可实现全血快速检测，与传统的血清检测方法相比，无须离心稀释、操作简便、准确性更高。截至2017年年底，公司已拥有32项专利授权和5项软件著作权，并取得40项产品注册证书。

### （三）丰富产业链，抢占新市场

公司以即有核心优势产品为基础，通过差异化创新积极研发新产品，加快肿瘤筛查系列及其他快速诊断试剂的研发进程，延伸POCT产品线，满足不同应用领域对即时检验产品的需求。同时，公司加大上游核心原材料生产工艺的研发力度，减少对抗体、抗原等原材料的进口依赖，有效提高诊断产品质量的稳定性，通过降低成本提高公司盈利能力。除此之外，公司瞄准POCT行业高端市场，重点开发POCT生化平台，该产品适用于急危重症领域的快速生化诊断，具有自动化、集成化、小型化特点，是行业中高端市场的核心竞品。公司通过新产品的研发，逐步完善公司核心产品链，形成对市场需求的多方位覆盖。

## 三、锐科光纤：自主知识产权打造多样光纤产品

武汉锐科光纤激光技术有限公司（以下简称"锐科光纤"）创办于2007年，是中国航天三江集团公司控股的子公司，从事光纤激光器及核心器件的研发、规模化生产和销售。

### （一）自立自强的中国制造

锐科光纤现有员工100余人，拥有1200平方米的研发大楼，2000平方米的生产厂房，具有年产2000台脉冲光纤激光器和500台连续光纤激光器的生产能力。公司拥有

多项世界领先的专利和专有技术，研发团队由3位国家"千人计划"海外高层次人才和一批国内光机电及相关专业博士组成，成功打破了国内少数厂商的技术封锁和价格垄断。公司的光纤激光器产品主要有脉冲和连续两大类，均已形成系列化。公司产品已于2010年通过了欧盟CE认证，并已开始出口韩国、日本、西班牙、德国、印度、波兰等国家。

2012—2017年，锐科光纤营业收入从8270万元增长到3.16亿元，利润总额从1215万元增长到3230万元，复合增长率分别高达30.7%和21.6%。

公司创始人闫大鹏教授原为华东工学院（现南京理工大学）教授、博士生导师，1996年以高级访问学者的身份赴美求学。结束访问学习后，加入了美国特种光纤及光纤器巨头Nufern公司，获得了宝贵的研发工作经验。回国后于2007年与华工科技合资成立了锐科光纤。2009年，公司已经实现了盈利。此时，锐科光纤能够生产出10 W到50 W的脉冲和连续光纤激光器，也形成了100 W到1000 W及更大功率的连续光纤激光器的生产能力。然而，在1000 W以上的高功率激光器技术上，锐科光纤仍显薄弱。恰在此时，公司现任副总经理李成加入了团队。李成曾任英国GSI公司激光部高级激光科学家，回国后担任中科院光机所所长。2009年年底，西安光机所实现了超过1000 W的全光纤激光器输出功率。2011年，半导体激光器方面的专家卢昆忠加入团队。卢昆忠曾在一家美国公司从事通信用半导体激光器的研究。公司现有技术路线中，500 W以上的高功率激光器有60%～70%的成本来自半导体，因此公司迫切需要能解决半导体封装问题的专家。在这种机缘巧合下，卢昆忠加入公司，将半导体占高功率激光器成本的比例，由60%～70%降到了20%～30%。自此以后，闫大鹏、李成、卢昆忠的三人团队成为公司研发团队的核心。

### （二）持续推出高技术产品

锐科光纤于2013年3月研制出国内首台10 kW工业级光纤激光器。该项光纤激光器的成功，使我国成为继美国之后全球第二个具备研制10 kW级光纤激光器能力的国家，同时，公司也成为中国光纤激光器行业标准（JB/T 2028T—2012）的牵头起草单位。

锐科光纤研制的多模组连续光纤激光器系列可广泛应用于焊接、精密切割、熔覆、表面处理、3D打印等领域，其光纤输出特征使其更易于与机器人集成为柔性制造装备，满足三维加工的需求。第三代单模组连续光纤激光器具有更高的光电转换效率和光束质量，切割的板材切缝窄且断面光亮，相对于市场其他同类型激光器优势明显。准连续光纤激光器系列，可替代现有的灯泵YAG激光器。高功率脉冲光纤激光器，光斑能量分布均匀，使用维护方便，可应用于模具表面处理、汽车制造、船舶业、石油化工业、橡胶轮胎制造等工业领域。窄脉宽脉冲光纤激光器可在太阳能光伏领域、薄膜切割、薄板材料切割、焊接、材料表面清洗、精细打标、材料打深等工业领域应用。

### （三）坚持创新技术研发

公司的核心团队均为激光半导体行业出身。随着其核心团队的建立，锐科光纤的产品技术水平完成了从无到有、从有到好的跨越。

公司目前已经拥有多个技术研发平台，包括湖北省企业技术中心、湖北省工程技术研究中心、光谷3551人才基地、湖北省工程研究中心、博士后科研工作站、光纤激光器技术国家地方联合工程研究中心（湖北）。

公司承担有国家科技支撑计划、国家科技重大专项和"863"计划等项目子项。这为锐科光纤带来声誉的同时也为其带来了巨大的商机，作为全球少数能够研制10kW级光纤激光器的企业，其在全球市场的竞争上自然尽显优势。

## 四、壹玖壹玖：线上线下合力构建新零售酒商平台

壹玖壹玖酒类平台科技股份有限公司（以下简称"1919"）于2006年在成都成立，目前在全国500个城市拥有1200多家线下门店，2017年线上线下商品交易总规模（GMV）达51.8亿元，营业收入达33.55亿元。

## （一）打造酒类新零售品牌

1919，既不同于传统经销商，又不同于传统连锁商，更不是传统B2C电商，而是专注于酒类行业，是一家集订单处理、采购供应、仓储物流、数据营销于一体的数字化服务平台。

公司自2011年开始布局电商渠道，在天猫、京东、苏宁易购等综合电商平台均开设了旗舰店。近两年开始搭建自有电商平台，布局了1919快喝APP、隔壁仓库APP、壹加玖APP等入口。其中，1919快喝APP基于LBS抓取附近1919门店商品，线上实时下单购买，最快19分钟送达，满足人们日益增长的酒类即时消费需求。

公司不断拓展全国市场布局，截至2017年，已经在全国500个城市开设了近1200家门店，占据线下零售入口。其中，四川、河南两省的门店数量已经超过100家，四川单省销售规模超过10亿元。2014年，1919挂牌新三板，以较快的业绩增速和线上线下布局，建立起酒类流通行业的平台优势。

## （二）建立线上线下一体化平台，形成五大业务板块

1919是酒品类O2O细分垂直电商。线上是由CRM、ERP、LBS、呼叫中心、酒类商城、第三方平台等构建的信息化销售、客户管理平台；线下通过与线上共享的信息系统，实现集零售、展示、物流、服务、推广为一体的多种运营业态，包括1919数字旗舰店、1919酒类连锁超市、1919进口酒商店、1919酒类网上商城、1919商场店中店、1919战略合作配送商等。

1919将传统零售店的"门店租金+仓储成本+物流成本+人力成本"的成本结构直接调整为"门店租金+人力成本"，将传统零售店订单来源"线下"拓展至"线下+线上"，将传统零售店"店面服务"变为"店面服务+上门服务"，将传统零售店服务由"卖商品"变为"体验服务+卖商品"，将传统电商的"烧钱引流"变为"体验店自然引流"。厂家直接"发货"到门店，去掉了中间的物流仓储成本，门店店员即快递员，省去了主要第三方物流成本，将酒类电商平均10%的物流成本（含二次包装、物流等），缩减为0.5%的店员送货提成。O2O体验店近60%的订单来自"线上"，充分利用店员的闲散时间，在店面覆盖3~5千米范围内实现线上下单、线下就

近配送，将传统B2C电商1～5天的送货时间迅速提升为最快9分钟，最慢180分钟，目标平均19分钟送达，真正实现"立即送"即饮增值服务，提高服务效率，降低人力成本。每个门店均配有葡萄酒品尝机，客户可以自主扫二维码先品尝后购买，每个门店均配有冰柜，可以提供啤酒、葡萄酒等冰酒服务。主要业务及服务包括零售业务、直管店管理服务、数据广告交易服务、酒类供应链管理服务及隔壁仓库服务。

### （三）创建新零售等新业态新模式

1919在新零售、新经销、新团购、新物流等方面构建核心竞争力。

新零售：1919围绕线上线下一体化布局，以快喝APP为核心建成了国内较大的酒类电商平台，在全国所有省级行政区主要城市拥有1000多家线下体验店，通过新零售模式服务全渠道酒类消费者，为其提供溯源保真、超值价、先尝后买和最快19分钟送达等服务。

新经销：1919孵化了隔壁仓库批发店模式，将B2B和B2C相结合，以"智选、低价、轻供应链"的优势，打造酒类共享经济模式，赋能酒类经销商转型升级，建立新型的互联网化的酒类经销系统。

新团购：1919以沉淀的用户数据、消费数据、行为数据基础，为大客户提供选酒、侍酒、订餐等增值服务，为1%的大客户提供99%的服务。

新物流：依托干线物流体系，1919自主研发了根据商品动销的补货系统，实现仓到店物流的自动化，即时补货、按需补货将显著提升物流效率、降低物流成本。

## 五、极米科技：专注渠道与硬件的无屏电视

成都极米科技股份有限公司（以下简称"极米科技"）于2013年年底在成都成立，提出"无屏电视"的产品概念，设计、研发、生产了多品类、多应用场景的便携式投影电视，致力于打造属于每个人的专属家庭影院。

### （一）连续 5 年高速成长

成立以来，极米科技销售收入持续高增长，2014—2017年销售收入分别为7066万元、2.35亿元、超过8亿元、超过13亿元。

截至2018年年底，极米科技总计已完成6轮融资，融资进程已进行到D轮。2014年8月，完成A轮1亿元人民币融资，投资方包括创东方、成都技术转移投资有限公司和石狮嘉瑞商贸有限公司。2015年6月，获得芒果文创基金3亿元Pre-B轮投资，除现金注资外，还包括资源投入和牌照内容绑定等。2016年4月，获得中南文化、创东方、鼎锋资产、励石创投B轮共1.2亿元人民币投资。2017年11月，获得百度C轮融资，未透露具体融资金额。2018年3月，获得由百度领投的D轮6亿元战略投资，经纬中国、四川文投、赛领资本、博将资本进行了跟投。

### （二）构建从终端到生态的新模式

极米科技业务结构主要分为两个层面：一是硬件的研发、设计和生产，业务范围涵盖了高、中、低端无屏电视及其周边产品，包括激光电视、家用娱乐、便携娱乐、儿童成长等主题的无屏电视及周边配件五大产品模块；二是作为终端入口，扮演内容分发渠道的角色。

极米科技在商业模式上，正在经历从"终端盈利"到"生态盈利"的转变，即通过硬件盈利为主到以生态合作盈利为主。具体的做法是快速扩大无屏电视销量，使开机量达到一个足够量级，从而形成平台优势。在此基础上，强化同上游视频提供商、游戏提供商、广告商等伙伴的合作，形成一个"终端+内容+平台"的生态系统。极米科技在这个生态系统中作为入口和渠道，展示和分发包括电影、电视剧、广告、游戏、在线教育、购物、音乐等方面的内容，从而获得相应的分成收入。

### （三）抓住大屏化新趋势

在消费升级的大背景下，电视的大屏化已经成为必然趋势。但受制于面板行业发展，传统的液晶电视做到一定尺寸之后成本较高，难以大规模推广。通过投影的方式就可以很好地解决这个问题，可以用极低的成本实现大屏体验。极米科技正是看到了这一趋势，提出了无屏电视的概念，解决了行业发展痛点，开拓了一个全新市场，并逐步实现商业化。

## 六、韩都衣舍：平台化打造快时尚电商

韩都衣舍电子商务集团股份有限公司（以下简称"韩都衣舍"）创立于2006年，创立之初主要依托电子商务平台进行服装销售，现已发展为涉足服装、化妆品、小家电、食品等多个类目品牌的运营商。现拥有员工2000余人，品牌集群70余个。

### （一）打造本土化的快时尚服装品牌

韩都衣舍自身定位为中国本土的快时尚服装品牌，参与了国标、行标及团标的制修订工作，成立了面辅料研究院，以提高产品品质管理和时尚度，并通过与国际级知名设计师签约和合作，以提升服装品牌的国际知名度。

韩都衣舍布局了针对女装、男装、童装、中老年装等不同类目的服饰品类，风格涵盖韩风系、欧美系、东方系等主流风格，包含韩风快时尚女装品牌HSTYLE、韩风快时尚男装AMH、韩风快时尚童装品牌米妮·哈鲁、韩风快时尚妈妈装品牌迪葵纳、欧美风快时尚女装品牌尼班诗、东方复古设计师女装品牌素缕等。公司建有自营网站韩都衣舍，并入驻天猫、京东、唯品会、拼多多等多个电商平台。

2014年公司进行"基于互联网的多品牌孵化平台"战略升级，打造智汇蓝海互联网品牌孵化基地，孵化项目包含产品品牌和服务品牌两大类，涵盖食品、化妆品、家纺、运动、软件、互联网+教育等领域。同时，韩都衣舍投资建立了电子商务产业园区，融合服装加工、仓储物流等服务，将50%左右的订单通过产业园区实现。

### （二）构建灵活的组织模式

韩都衣舍打破科层式组织管理方式，构建以"小组制"为核心的单品全程管理体系，为公司的多品牌战略提供支撑。"小组制"模式将服装企业的设计、视觉、采购、销售等部门进行重组，其中，产品设计、导购页面制作与货品管理3个非标准环节交由产品小组负责，公共平台提供供应链、IT、仓储、客服、摄影等标准化服务。

每个小组成员2~3人，由设计师、商品制作专员和订单管理专员组成，小组自主决定商品款式、尺码、基本销售价格等。公司利益分配和奖金发放以小组为单位，并由组长进一步决定小组内部成员分配比例，未获得奖金的小组则会瓦解组成新的小组，组员根据个人意愿选择独立。公司以透明的利益共同体驱动的"小组制"，解决员工晋升发展和有效激励的难点。产品"小组制"使公司在最小的业务单元上实现了"责、权、利"的相对统一，为公司建立了"款式多，更新快，性价比高"的竞争优势。

服装生产一般实行反季节生产的模式，传统服装品牌一般提前一至两个季度确定下季商品款式，韩都衣舍与供应商建立了以"多款少量、快速返单"为核心的柔性供应链体系，向生产厂商下订单时采用多款式、小批量、多批次方式，实现服装的当季生产。公司针对供应商的准入、分级、合作模式、绩效测评、订单激励等方面进行严格的动态管理，以便快速对市场做出反应。柔性供应链体系灵活调配营销企划、产品企划和供应商生产，供应商有足够的时间和产能与企业进行高效合作，并根据韩都衣舍企划端的方案来及时完成生产任务。目前，公司合作供应商累计超过1000家。

### （三）基于平台打造资源共享生态

公司持续研发BI商业智能系统，包括OMS（订单管理系统）、WMS（仓储管理系统）、CRM（客户管理系统）、SCM（供应链管理系统）、ERP（企业资源管理系统）、HBI（商业智能分析系统）等，保证整个运营体系的高效准确。通过深挖消费和行业市场数据，运用数据分析处理能力，指导营销和产品开发过程，提高公司的运营能力。公司根据商品15日后的线上销售情况，将产品划分为"爆款""旺款""平款""滞款"4类，其中，"爆款"和"旺款"返单加大库存，"平款"和"滞款"通过打折促销等方式在旺销时间快速处理。销售数据的全过程监测，一方面快速把握消费者需求，实现产品款式的"公众设计"；另一方面提高售罄率，降低库存风险。

## 七、视睿电子：创新内容与技术引领教育信息化

广州视睿电子科技有限公司（以下简称"视睿科技"）成立于2008年7月，位

于广州高新区广州科学城，是广州视源电子科技股份有限公司（以下简称"视源电子"）的全资子公司。视睿科技主要从事教育、商务等行业的人机交互、嵌入式内容服务、移动互联等技术研究与新产品的研发，提供希沃（seewo）交互智能平板系列产品和整体解决方案。公司基于教育信息化载体研发和内容开发，以"硬件+内容"的形式开发市场，旗下自主品牌希沃覆盖全国各省市，并出口到美洲、欧洲、大洋洲、东亚等多个国家和地区。2017年，公司营业收入超45亿元，近两年复合增长率达到50%。同时，公司员工数量持续增长，2017年雇员达到千人，同比增长近四成。

### （一）技术创新教育领域硬件

视睿科技基于母公司（视源电子）技术，不断进行延伸创新，推出MCU集中控制器以推动设备的智能化，开发NFC读写与触摸感应一体式模块以提高产品集成度。同时，公司研发出支持Windows和Android双操作系统的交互智能平板设备，并发布智慧校园整体解决方案及智慧幼儿教学整体解决方案。此外，利用学校教学数据，分析各个老师教学、学生学习的使用习惯，如不同时期学生的学习模式、思维习惯、逻辑分析及兴趣特点等，得出在不同阶段老师应该相应提出哪种教学方式，在此基础上进一步从用户体验出发优化相关硬件和软件。截至2018年6月30日，已获授权专利934件，其中，发明专利授权114件。

### （二）"技术 + 内容"的商业模式

视睿科技基于教育硬件，从交互智能平板，到备授课教学软件希沃白板、课堂氛围管理软件班级优化大师等产品满足教师和学校的需求，构建整套智能教学体系。主要采取"技术+内容"的商业模式。在技术方面，以教育信息化硬件产品研发为主，逐步由单一硬件供应商向教育信息化总体解决方案供应商转型，其中，交互智能平板是公司核心产品，拥有S系列、V系列、H系列、3D系列交互智能平板；应用软件包括第五代教学白板、班级优化大师、集控管理、微课制作、VR教学等；周边产品包括授课宝、S系列视频展台、智能笔、无线传屏、VR头戴设备等产品。在内容方面，提供包括经典课堂、互动课堂、录播课堂、智慧课堂等整体解决方案，创立了希沃学院培训服务平台，2017年希沃"易+"教育服务平台上线运营，有效整合线上线下资源。

视睿科技采用"线上+线下"双渠道销售模式，建立了覆盖全国的营销体系网络和办事处机构，并在中国香港、北京、上海、深圳、厦门、合肥、成都、西安、济南、武汉建立了区域技术服务中心，为客户提供技术服务和保障。市场渠道架构包括投影设备提供商、监控工程集成商、办公自动化设备提供商、会议室工程集成商、教育设备提供商和其他系统提供商等。

### （三）抓住教育市场的新机会

视睿科技从2009年开始专注教育行业，推出教育领域的自主品牌——希沃。恰逢2010年，中共中央、国务院印发了《国家中长期教育改革和发展规划纲要2010—2020年》，纲要首次提出："信息技术对教育发展具有革命性影响，必须予以高度重视。"2010年开始，教育从物理状态向数字状态转变，由教学内容的数据化到如今的智慧校园，而2010年，当时大多数学校教室里的交互设备还只是以投影、白板为主，希沃从中看到了教育信息化的发展前景，便率先从硬件装备入手，研发和推出了交互式智能平板。

## 八、杰创智能：大数据打造智能安防系统

杰创智能科技股份有限公司（以下简称"杰创智能"）成立于2008年12月，是云计算及智能系统综合服务提供商。近年来，杰创智能业务规模持续扩大，在广州、北京两地设有总部，辐射全国10多家分公司及控股子公司，业务覆盖30多个国家和地区。2017年杰创智能实现营业收入超2.8亿元，截至2017年年底，公司拥有员工近300人，同比增长达到7%。

### （一）一站式建筑智能化系统

杰创智能以提供智能化服务为核心盈利模式，以建筑智能化技术平台为技术基础，目前开发了智能楼宇集成管理系统、物业管理系统、安防监控管理系统、核心网综合网管系统等建筑智能化技术平台系统。公司通过向华南地区的教育、市政及政府部门，酒店、商业地产公司等企事业单位提供一站式的建筑智能化服务来获取利润，目前客户资源主要包括广东省公安厅、珠海格力电器股份有限公司、广东省工业设备

安装公司、信宜市教育局等政府部门及企事业单位。

### （二）以云计算智能系统为基础的业务体系

杰创智能以智能系统解决方案为核心业务，拥有智能系统基础设施建设、基于云的设备管理、公共安全智能系统、区块链技术应用、能源和设备管理、应用软件和行业解决方案等六大类业务，并涵盖客户咨询、方案设计、软件开发、项目实施、软硬件集成调试及后续的维护管理等环节。目前，业务主要分布在建筑智能化领域，包括数据中心、生产厂房、医院、学校、游乐场所、智能住宅等。主要产品包括GSM主被动一体化解密设备、无人机侦查定位管控系统、口令破解服务器、WCDMA用户密码穷尽服务器、视频图像模式识别服务器、区块链工作量证明服务器、智能管理系统及解决方案等。

公司自主研发的专用高性能计算技术和平台能够实现"亿级数据，秒级查询"，且计算能力扩展性强，支持专用大数据计算中心建设，其主要特色和先进性为：采用多层FPGA架构，分布式处理，单模块的计算速度可达到200 GH/s，以SHA1为例，100台计算平台设备的计算力相当于天河二号的计算力；模块可堆叠，计算能力扩展性强，支持专用大数据计算中心建设；应用算法支持深度学习计算、神经网络计算、密码分析计算、SVD矩阵计算、聚类算法、区块链工作量证明；功耗仅为300 W，体积仅为6U。

### （三）抓住军民融合、"一带一路"的发展机遇

近年来，国家大力推进军民融合深度发展，习近平总书记在十二届全国人大三次会议解放军代表团全体会议上第一次明确提出"把军民融合发展上升为国家战略"。《"十三五"国防科技工业发展规划》《关于推动国防科技工业军民融合深度发展的意见》等一系列促进军民融合的重大举措相继出台，我国军民融合产业迎来快速发展时期。在这一时期，杰创智能加快推进解密、侦查等军民融合领域的突破，研发了GSM主被动一体化解密设备等，现已广泛运用于边境侦听等领域。

在"一带一路"建设大背景下，东欧、中亚、中东、拉美等新兴经济体的安防监控市场的需求也在不断扩大，海外市场需求旺盛。杰创智能借助"一带一路"，积

极探索对外合作发展机遇,通过军援军贸的方式,将产品销往30多个国家和地区,为"一带一路"沿线国家输出多款公共安全产品和系统,包括缅甸、泰国、马来西亚、斯里兰卡、巴基斯坦、沙特阿拉伯等国家。

## 九、明珞汽车装备：数字化实现汽配智能制造

广州明珞汽车装备有限公司（以下简称"明珞装备"）成立于2008年,是集研发、生产和销售为一体的智能制造解决方案提供商。主要为汽车制造业和一般工业领域提供汽车白车身及零部件制造系统、智能制造数据服务平台、动力总成和一般工业自动化系统等集成服务。公司总部位于广州市高新技术产业开发区科技企业加速器园区,先后在德国、美国成立了子公司,在美国、上海、花都等地建有集成基地。

### （一）通过引入车企基金提升客户黏性

2015年8月,明珞装备完成由广汽资本、上汽资本、北汽产投三大汽车集团产业基金领投的C轮融资,融资总金额为2亿元人民币。2017年,明珞装备的营业收入达到6亿元,近两年复合增长率38%,净利润的复合增长率28%。截至2018年年底,明珞装备获得订单累计超过8亿元,其中,海外订单超过5亿元,产品已出口到美国、德国、意大利和日本等国家。

### （二）数字化构建智能制造服务体系

明珞装备依托多车型共线柔性总拼系统、VC（虚拟调试）技术、标准化弧焊工作站、RACD 移动机器人工作平台、电气控制系统硬件、程序的半自动设计软件系统和MISP（明珞智能制造服务）云平台等核心技术与专利产品,主要提供白车身柔性生产解决方案、动力总成装备解决方案、电气自动化解决方案和数字化工厂解决方案。白车身柔性生产解决方案分为整车模块和零部件模块,整车模块包括白车身柔性焊装生产线、地板焊接生产线等产品；零部件模块包括零部件焊接生产线、底盘件焊接生产线等产品。动力总成装备解决方案包括机加工生产线集成、智能输送设备等产品。电气自动化解决方案包括在线机器视觉检测系统、工业自动化系统等产品。目前,公司共申请知识产权250余件,其中,授权欧美日专利25件,授权发明专利52

件、实用新型专利101件、软件著作权72件，注册商标3件。

除此以外，明珞装备打造了"制造业管理信息化服务平台+数字化和工业物联网大数据平台+供应链资源协同平台"三位一体的智能制造服务体系，为制造业提供数字化平台与技术标准服务、虚拟调试、工业大数据在线诊断运维服务及产业金融服务。

### （三）抓住智能制造发展机遇，以产学研合作推动技术研发

国务院于2015年5月公布了强化高端制造业的国家十年战略规划《中国制造2025》，以推进智能制造为主攻方向。根据《2017—2018中国智能制造年度发展报告》显示，2016年中国智能制造系统解决方案市场规模达到1060亿元。当前，中国汽车焊接制造设备60%依赖进口，部分核心关键技术与产品被国外垄断。在这一时期，明珞装备把握智能装备行业发展的契机，加快汽车白车身焊接装备国产化的推进，研发了多车型共线柔性总拼系统。

近年来，公司的研发投入总额超亿元，年均研发投入强度8%以上，研发人员超六成，并与麻省理工学院、伯明翰大学、密西根大学、上海交通大学、吉林大学、华南理工大学等知名高校，从人才培养、学术交流、项目合作、资源共享等方面开展产学研的长期合作，整合企业资源和高校资源。此外，公司成立了"猎豹"部门，引进以色列技术专家，专注于虚拟制造和工业大数据的新技术研发。

## 十、好莱客：数字化定制创意家居

广州好莱客创意家居股份有限公司（以下简称"好莱客"）成立于2007年4月，主要从事整体衣柜及其配套家具的设计、研发、生产和销售，是国内定制家居整体解决方案提供商。目前，拥有广州萝岗、从化、惠州及湖北汉川四大生产基地，业务范围基本覆盖国内一线城市、大部分二线城市及大多数的东部沿海三线和四线城市，经销商门店数量达到近1700家。

### （一）"线上＋线下，直营＋分销"的定制家具品牌

好莱客专注于全屋定制领域，拥有卧室定制、橱柜定制、木门定制、整屋定制及各类单品家具等业务线。2015年2月17日，公司在上海证券交易所挂牌上市。2017年，实现营业收入超18亿元，近两年复合增长率达到30%。

公司采取"线上+线下，直营+分销"相结合的营销模式。线上设立全资子公司专营电子商务业务，在京东、天猫成立官方旗舰店。目前，线下销售仍为公司主要销售渠道，采用经销商为主、直营店为辅的销售模式，截至2018年上半年，拥有经销商约1100家。在经销商管理方面，公司对经销商资源投放的效果进行评估及优化，给予装修补贴、广告对投、活动落地支持、新零售拓展等补贴。此外，与红星美凯龙、居然之家、苏宁易购开展深度战略合作，协助14个主要城市的经销商对店面位置进行优化。

公司的管理团队主要由沈汉标、周懿、林昌胜等组成。沈汉标作为公司创始人，任董事长，培育了"好太太""好莱客"两个品牌，拥有多年实体经济运作经验。周懿任公司总经理，曾任职广东美的日用家电集团中国区域的营销总裁。林昌胜任公司副总，负责供应链管理工作，曾任职广州天河区东圃科溥电子厂总经理。近年来，公司加强与知名设计团队、境外家居设计师、设计院校的合作，建立了一批高素质、经验丰富的研发、设计团队。目前拥有职工超2300人，其中，从事科技创新的员工超300人，占比近16%。

### （二）全面数码化定制全屋

好莱客率先实现了从店面设计下单到生产发货的数字化驱动和无缝隙对接，主导开发了3D设计系统、CRM（客户关系管理）系统、MES系统，实现了"设计数据—工件数据—机台加工数据"的全数据链条自动解算，有效提升整体营运效率。截至2017年年底，拥有自主知识产权101项，其中，发明专利3项，实用新型专利30项，外观设计专利59项，软件著作权9项，被评为省级工程技术中心、市级企业研发机构。

### (三)以客户为中心构建智能生产体系

近年来,随着居民消费持续扩大升级,消费者个性化需求日益提升,年轻一代更为青睐专业化、定制化、差异化的产品和服务。公司把握消费升级趋势,深耕定制化家居领域,提出"整体衣柜"概念,逐步将产品由以整体衣柜及配套家具为主,拓展为包括厨房、卧室、客厅、餐厅、书房在内的整体家居产品,将公司打造成为定制家居整体解决方案提供商。

公司注重数字化、智能化提升,先后从德国、意大利引进柔性生产线、温康纳压贴线、吸塑线、自动喷胶线等自动化设备,全面打通软硬件、前后端的连接,着力打造"智能工厂"。搭建的"智造系统",形成快速定制的物联制造体系,实现了快速设计、智能排程和自动生产。此外,通过深度实施企业资源规划系统(ERP),升级3D设计软件、客户关系管理、生产智控平台等系统,强化各系统数据连接,进一步提升了运营效率。

公司于2015年将"客户服务"提升至公司战略的高度,将组织架构和全体员工工作的重心转移到"以客户为中心、以服务为己任"上来。通过引入3D云设计平台,采用"大规模定制"的柔性化生产模式,满足终端消费者个性化的需求。此外,还建立了"IOS定制管家服务体系",为消费者提供多维度全过程的优质服务体验。

《国家高新区瞪羚企业发展报告2018》以国家高新区企业统计数据库中2014—2017年企业统计数据为国家高新区瞪羚企业遴选与分析的基础。

基于对国际瞪羚企业标准的深入研究，结合国家高新区企业发展实际情况及往期"国家高新区瞪羚企业遴选标准"，本期报告确定了"2018年国家高新区瞪羚企业遴选标准"，并据此对高新区内企业进行遴选。具体而言，国家高新区瞪羚企业遴选标准包括定量提取指标、定性筛查指标及创新门槛指标3个方面，企业同时满足3个方面指标的要求方可入选国家高新区瞪羚企业。

## 一、定量提取指标

入选需满足以下条件之一。

Ⅰ：企业成立时间不早于2004年，2014年总收入不少于1000万元且2014—2017年复合增长率不低于20%，2017年正增长；

Ⅱ：企业成立时间不早于2004年，2014年雇员总数不少于100人且2014—2017年复合增长率不低于30%，2017年正增长；

Ⅲ：企业成立时间不早于2013年，2017年总收入不低于5亿元（即成立5年内总收入突破5亿元），近三年收入无大幅度下降；

Ⅳ：企业成立时间不早于2008年，2017年总收入不低于10亿元（即成立10年内总收入突破10亿元），近三年收入无大幅度下降。

## 二、定性筛查指标

行业性质：非烟草、铁路、矿产资源、公共服务等垄断性行业企业，以及房地产、基础建设、银行等行业。

企业性质：非大型央企、外企生产基地、分公司、销售公司、贸易公司。

## 三、创新门槛指标

入选需满足以下条件之一。

A类：4年平均科技活动投入强度（即科技活动投入经费占营业收入的比例）大于2.5%；

B类：筛选条件1，仅有2017年收入数据的企业2017年总收入大于5亿元且注册时间晚于2010年；筛选条件2，有效数据两年以上的企业，2017年总收入大于1亿元且三年或两年复合增长率大于50%。